點解學校無教過人生意義科？

做人為咩啫?!

崖柏 著

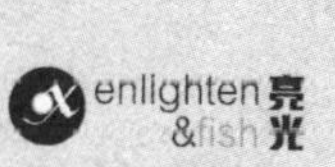

preface

序

Dear 打開咗這一頁的你：

Hello, long time no see! How are you doing?

 # 你最近還好嗎
 # 尚愛看少女漫畫嗎

中學學寫信的開頭，原來也是多麼的真摯，沒有出書的這兩年，你們過得好嗎？過了疫情、過了俄烏戰爭，你是忙著重回食買玩的飛人生活嗎？還是忙著應對樓價下跌、經濟下行？或是躊躇著人生的下一步嗎？

如果你有看過我的書……（喂，多謝支持先）你應該知道，我的出發點一直都是希望用文字把工作時常說的那些心理理論、那些令人情緒容易過一點的哲理，早早寫了出來。為的就是令大家不一定要情緒差到要看心理醫生、看輔導時，才發現那些困擾你很久的哲理與方式。

 # 預防勝於治療

講過情緒、講過人際關係，當我在想，到底我還想向大家講什麼呢？然後我發現，當心理學家的這些年來，最多人問自己，又或是最多人講（沒有之一）的一句，都真係……

 # 我唔知做人為咩
 # 我咁辛苦為咩啫

於是決定這一次，挑戰這個我很想寫卻又覺得很難寫的東西。要談人生意義很難，因為太闊、有太多可能性、有太多多變的地方。所以頭盔先戴好，這本書未必一定使你看完後就立刻找到你的人生意義，或是立刻令你衝勁滿滿。

 # 序就已經倒自己米

不過，我希望你從這本書中，至少了解到一些令你覺得人生沒意義的因由，繼而給你一些方向去探索對你重要、想追求的東西。人生的意義也許對每個人都不同，可以是了解自己，可以是成為更好的人，可以是對他人有貢獻，亦有人會說尋找意義的本身都是一種意義。

 # 重要係過程唔係結果

期盼結合我見 client 的經驗、外加淺薄的心理學知識，能令這本書成為你在這個尋找意義旅途中的 Tripadvisor，甚或是中途的一程 Uber driver，那我就覺得功德無量，於願足矣了。

最後，記得將你的讀後感 DM 到我的 social media，給予一個 5 星好評喔！

IG

FB

祝你開卷快樂

此致
崖柏敬上

PSY4001
人生意義課

14 Lesson 1｜應對一切好辛苦啊 # 做人到底為咩啫？

18 Lesson 2｜你嘅意義或者要問 # 我愛這個我嗎？

26 Lesson 3｜我好了解自己…… # 咁？

30 Lesson 4｜你睇自己嘅方式 # 真係合理咩？

36 Lesson 5｜老豆阿媽嘅準則 # 真係唔一定作準㗎

44 Lesson 6｜# 你快樂嗎？你求的真係快樂嗎？

48 溫 書 篇｜唔開心要「開心番」# 反而愈做愈覺得難？

52 Lesson 7｜我唔想要呢啲呢啲……# 但我唔知我想要咩啊

56 Lesson 8｜# 用一生治療童年 都係人生一種意義吧？

62 Lesson 9｜喺你羨慕緊人嘅同時 # 你真係知人哋過成點？

66 Lesson 10｜不如問吓自己……# 你為他人做咗幾多？

70 Lesson 11｜# 有啲嘢真係控制唔到呢 你不如學吓放手吧？

74 Lesson 12｜你有冇認真諗 # 咩先真係對你最緊要？

contents

PSY4002

做好自己課

84 **Lesson 1**｜心動不如行動 # 齋諗唔郁係唔會心情好

90 **Lesson 2**｜被打被侮辱最甘嘅其實係 # 你覺得所有人都信唔過

94 **Lesson 3**｜其實呢……# 真係冇咁多人留意你呢

98 **Lesson 4**｜拖都係關情緒事 # 唔好畀害怕拖累你

102 **Lesson 5**｜我認我還未很慣 # 對你好嘅嘢通常都係會唔慣的

106 **Lesson 6**｜驚人哋唔鍾意自己 # 反而愈做愈錯

110 **Lesson 7**｜有時理性化所有嘢 # 其實都係一種逃避

114 **Lesson 8**｜困擾抑鬱要學嘅技能 # 叫懂得接受

118 **Lesson 9**｜最有回報嘅投資 # 係投資喺自己度

122 **Lesson 10**｜願你們都擁有 # 不被選擇的智慧

126 **Lesson 11**｜戀愛要有安好嘅距離 # 自己嘅諗法都要

130 **Lesson 12**｜畀人嫌我唔夠好……# 將來有誰估得到？

134 **Lesson 13**｜假使我們能回應別人情緒 # 大家嘅傷會好得早一點？

PSY4003

時代應對課

142 **Lesson 1** | 世界唔係得好同唔好 # 你批判完未啫

146 **Lesson 2** | 個個都話社恐 # 其實你係咪真係社恐啫？

150 **Lesson 3** | 忟憎燥底嘅你 # 係咪孭緊好多壓力呢？

154 **Lesson 4** | 我的情緒價值 # 你今日畀咗未啊？

158 **Lesson 5** | 就算人不在了 # 有些聯繫是不會斷啊

162 **Lesson 6** | 咩都係用兩倍速？ # 有啲嘢係唔急得㗎

166 **Lesson 7** | 睇脆真係有危險 # 要心靈家長指引

170 **Lesson 8** | 每逢佳節倍思親？ # 唔想思都可以㗎

174 **Lesson 9** | # 給自己的聖誕禮物 這天學習向孤單說不

178 **Lesson 10** | # 2023 年末練習 你要 Let Go 的是……

182 **Lesson 11** | 2024 做過的事 # 能令你無悔驕傲嗎？

PSY4004
心靈 OLE 課

190 Lesson 1 | 多謝你為我付出啊 # 但唔等於我要回報你㗎
194 Lesson 2 | 我愛佢就得啦 # 唔計較最後都會計
198 Lesson 3 | 你講嘅嘢我知 # 但都要我聽得入耳㗎
202 Lesson 4 | # 生人都要破地獄 面對死亡必修科
206 Lesson 5 | 又嫌緊自己唔夠好？ # 不如體諒吓你只係一個人
210 Lesson 6 | # 避免 over 焦 就要攻破你的擔心噢
214 Lesson 7 | # 我唔會好似我父母咁！ 係你心中嘅金句嗎？
218 Lesson 8 | 你最大的敵人 # 可能係你內心把聲

#PSY4001
人生意義課

人生意義課

課程簡介

來到第一課，當然立馬上主菜，來談我相信的人生意義。

 # 係啊
 # 係我信嘅 version
 # 因為真係冇絕對啱定錯

當 MC（係張天賦，唔係肥媽）都日日唱〈懷疑人生〉，當 Edan 做訪問都說自己問自己意義而快像有點迷失與不快，到底人生那麼辛苦是為了什麼呢？

 # 以前好似冇咁多人問意義

或許是社會的發展與大家心靈的發展，當人吃得飽穿得暖，就自然追求更高層次的需要，aka 心靈需要。於是我們會問自己的意義是什麼？

01

這一課，除了我會探討問自己意義的族群與原因是什麼，亦會講不同心理大師的理解是什麼。不論是馬先生的金字塔（唔係 Tesla 嗰個，係 Maslow，因為意義其實就是我們的心理需要啊），還是馬田先生（Martin Seligman；好老土咁講嘅正向心理「之父」），都各自有他們的理解，卻又殊途同歸。

 # 崖柏版人生意義
 # 絕密公開

我的看法是人生意義有三部分：

1) 了解自己，包括你的強弱項、你心靈的需要與創傷、你的價值與限制 etc；
2) 做個更好的你，包括治癒自己心靈與創傷、成為一個更有效，更忠於自己的人；
3) 令世界與別人有一點不同，包括好好發揮自己，去令世界、社會與別人都能更美好一點。

 # 睇到呢度可能好多疑問
 # 你往後睇應該會明我想講咩多啲

希望呢十數篇文章，至少能給你一點點的啟發。人生真的不容易，有太多東西會發生，亦有太多問題要處理。要好好活，真的是需要好好學習的。

 # 我會陪你哋一齊學㗎
 # 你唔好嫌我長氣嗝

有咩問題，我哋不定期喺 IG、Facebook 再開討論吧。

01

Good... 摸寧 ...Mister... 崖 .

Good morning, you. Sit down please.

好，上堂！

Lesson 1

應對一切好辛苦啊
做人到底為咩啫？

「其實做人為咩啫？」

 # 呢一句大概係呢十年嚟我最常聽到嘅問題
 # 沒有之一
 # 但你又有冇諗過點解同點答

有沒有發現，對自己好的東西與行為，很多時候總令我們感覺不良。然後，很多看開這個 page 的寶寶都會如同北京電影節完全沒了吳慷仁一般，大嘆一句無奈。但世上無奈的事情又何止一單半件呢？

 # 無奈是最寂寞最是痛苦
 # 無奈其實都包埋咩都做唔到嘅無助感

你改變不了事情因「不可抗力」因素而取消；
你改變不了你喜歡的人不喜歡你；
你改變不了你會痛會病會死；
你改變不了你過往發生過的一切傷害……

而你會發現，當面對一個又一個的無奈，如同陳蕾唱句「今天怎比昨日更差」，心情是會在谷底中徘徊的。苦，我們就開始會問……

 # 做咩仲要行呢？
 # 做人到底為了什麼呢？

做了那麼多年心理學家，你應該會估到，再悲天憫人的狀況、再多艱難的處境我都聽過不少。

 # 你嚇我唔到嘅
 # 不過還是有很多故事持續突破我想像

但是，又不是每個痛苦無奈的人都會如同被 DQ 走生命的熱情一般，鬱鬱寡歡地問到底做人是為了什麼。

這些年會發現，最常見覺得人生沒了意義、生命沒了熱情，兼長期覺得做人唔知為咩的人，都具備了如同麻醬撈麵般的特質。（唔好問點解係麻醬撈麵，突然間浮喺個腦度，應該係我好肚餓。）

個撈麵底是沒有人在意自己的感覺，個麻醬就是生命中遇到了無奈與不快。就算你換了麻醬做豆瓣醬又或者係麥當當新出的煙燻芝士醬，你的撈麵底還是會令你鬱鬱不歡，但拼在一起，會得出了強烈的「咁辛苦為咩」的感覺。

 # 孤單一人孤單一個
 # 何事落到這收場

當然有部分人是因為受過創傷、會驚會怕所以對所有人際關係敬而遠之，而慢慢練習成世上只有自己在意自己。但亦有一群人縱然身邊朋友伴侶多如復活節大阪機場等入境的人龍，還是覺得沒人在乎自己的感覺。

也許是那些很強的保護殼而習慣把自己的感覺收在月餅罐；
也許是習慣把一刻的不理解當成完全不理解而封口不談；
也許是抱有永遠冇人在意自己感受的信念……

不論原因為何，當我們不能從生活中感受到有人在意自己感覺，那份做人唔知為咩的撈麵底就會油然而生。畢竟我們都真的是群體動物，如同 Discovery Channel 的那頭小象一樣，受傷了還是需要其他象用充滿泥巴的鼻與嘴「呵番」。當我們感覺不到那些愛與關懷，就開始會問：咁辛苦為咩啫？我做人到底為咩啫？

好啦，我要去吃麻醬撈麵了。至於如何去解答做人為咩，食完撈麵下回分解吧。

 # 係日式麻醬唔係中式
 # 撈麵底要致癌營多啊唔該
 # 講真其實真係好多
 # 長期鬱悶但又唔係太 depressed 的人
 # 其實仲難處理
 # 不過下集都講吓啦
 # 點解學校無教過情緒科

Lesson 2

你嘅意義或者要問
我愛這個我嗎？

「啤，乜咁行喋？」

 # 做個你愛的你
 # 你以為行
 # 會唔會只係唱得太多
 # 但你又有冇認真問過自己呢？

上回講到，很多時候面對生活的無奈，我們真的會開始懷疑人生。特別是當我們感覺不了別人在意自己的感覺，那種姜濤式的「孤獨病」感直入心底，然後切身感受那種……

 # 冇咩特別嘢發生但係我唔開心
 # 冇原因的 emo

當然睇開我文章的都會知，情緒出現是不會沒原因的，只是當沒有一個導火線，你就不易察覺它存在。如同那隻你不知不覺打波回來後遺忘了的臭襪，你看不見是什麼，卻持續嗅到了那股酸餿味。

 # 探索你嘅感覺

當然不同的界別、不同的人會對「你的意義」有不同看法；不過，我想就著我認識的心理學去告訴你我的版本是什麼。

當你在問你的意義為何，大抵我們都是抱著一份不滿足而問的。但這一份不滿足到底是什麼呢？那很可能就需要看看你到底是在人生的什麼階段，而那刻你欠缺的是什麼。

 # 馬先生個金字塔

不論你中學讀的是通識，還是常識，也許你都有聽過馬先生的需求金字塔（唔記得唔緊要，都話而家呢個世代邊使背書，問 Poe 或者 Google 囉）。如果人生是場《Call of Duty》般的遊戲，那到底我們現在正在打哪一版，就是那刻的意義。

當然，如果你還是在憂柴憂米，連三餐都不繼，也許你真的沒有什麼空間去想自己的意義，因為生存就是你的意義。但在香港地，真的連飯也吃不了的，應該沒有多得很。而在這些年的經驗中，那些悶悶不樂覺得苦無意義的人，往往就是在某一層卡關的人。

 # 欠愛欠歸屬

作為群體動物，就算你多想否認、多想說人是多麼的恐怖與危險、多想解釋別人都不喜歡自己，我們還是需要人際關係的。哈爾濱佛教大學（簡稱哈佛）對於意義與快樂的多年研究，都是給你一個「媽媽是女人」的答案，就是……

健康的人際關係，是情感健康不能或缺的因素。

當你缺愛、缺歸屬感，是很難擺脫那股悶悶不樂感。你吃得飽、著得暖、有瓦遮頭，但仍覺得你的人生好像沒什麼意義。要知愛人其實都提供了意義；照顧你的兒子與伴侶、為四大長老安排平安鐘、覆診與姐姐、為你失戀的朋友漏夜飛奔去陪哭、為前度若果出事連夜聯繫我隨時趕到……其實都提供了一份意義。

 # 辛苦但有 MEANING
 # 不過如果只係單向
 # 你感受唔番對方在意你的感覺

也許你會如同台劇《不夠善良的我們》的簡慶芬一樣，在你充當不同的身分時，如果感受不了那份愛與在乎，日復日的日子是會令你覺得千篇一律，漸漸失去了意義。然後這一份鬱悶又會推動你去做旁人理解不了的事情。酗酒又好、出軌又好、跟蹤你老公的前度 Facebook 再剪同一個髮型也好……

 # 都係想令自己有番感覺
 # 擺脫我唔鍾意呢個自己的感覺

所以說，如果你苦無意義，是因為你卡了在不覺得被愛的這一關，也許我們真的需要找回那份被愛的感覺。如果你身邊已經有重視你的人，不妨認真地告訴對方你這一份需要，要知道這種 vulnerability 我哋每個人都有，有時簡單如一個擁抱、一句問候都能夠幫到自己。

 # 如果我冇呢

但係如果你只是孤身一人，不如發掘你的興趣，做些你覺得有意義或者快樂的活動。爬龍舟好、做普拉提好（最近好 hit 好似）、參加《中年好聲音》又好，做令你能提升自我價值的活動，其實同時能提高你遇到知音的機會。當然，前提都是你都要對人仁慈、會諗人感受、會關心人啦。

最後我想講，人際關係是種何其複雜的東西，因為人就是極其複雜的生物。做個感受到被愛的人，都是條長征的道路。如果你現在糾結的是這一關，尋找與建立有意思的人際關係，也許也是你的意義啊。

如果你卡的關不是這個
咁下次再講
要被愛的感覺真係唔易
要你可以接受被愛先
又要天時地利人和
不過征服呢樣嘢
都可能係人生其中一個目標
做個你愛的你
點解學校無教過情緒科

#人生的

建立健康、
有愛與、
人際關係

意

義

是

……

Lesson 3

我好了解自己……
啩？

你覺得你了解自己嗎？怎樣才算了解呢？

 # 我好天蠍座㗎
 # 我 INFJ
 # 我唔鍾意 social

會不會是你的答案？當然聰明的你一定會知道，我會說了解與否是沒有標準答案的。

不過，我會問這個問題，是想你又去諗一諗，除了那些表面的性格特徵以外，你到底有否想過你的取態與感覺怎樣得來呢？

當我們一直在問，我人生到底有什麼意義，如我先前所說，需要先找到卡住你的關卡是什麼？是你欠缺愛欠缺別人關心在意你的感覺？還是你有某些特定的負面感覺？

你說自己因為是獅子座所以需要 attention，但那份 attention 滿足了你什麼？

你說你是像阿尷一般的內向寶寶，但面對人對你來說怕的又是什麼？

你說你 INFJ，所以不喜表達感受，但到底不喜歡表達又是從何而來？

 # 心靈升降機

 # 落到 B5 你的內心停車場

大概你會發現，九成心理的書都會告訴你，性格特徵是先天的因素加後天的經歷而來，但就跟你說蛋糕是蛋加麵粉一樣，其實幫不了你焗蛋糕多少。到底是什麼經歷、什麼成長經驗，產生了什麼感覺，才驅使你成為你變成「獅子座」、變成 INFJ、變成內向寶寶？你的內心停車場，到底泊了多少回憶與相應的感覺？

 # 心靈照個鏡

你現在害怕的、困擾的、羞愧的，你了解背後的因由嗎？

你總是這樣做、那樣想，你知道怎樣來的嗎？

也許你會發現，你的某些感覺重重複複出現，一點也不陌生；又或是你所應對事情的方式，總是在跟隨既有的模式。不論你是一直遷就別人、是一直有困難就如在跑步機上般逃跑，還是對旁人批評極其敏感……

 # 了解自己可以係了解自己心底嘅傷
 # 了解自己感覺行為從何而來

今時今日的你，也許都已經年紀不少，（哈哈，我 IG 最多 80、90 後，我哋約埋一齊變老 OK ？）當然我們仍然可以完全不在意自己感受，只著眼結果與事實地生活。不過，如同我第一本書已經講，情緒與感覺，你愈不理會，它一定會如同死神一樣，再回來（《死神來了》都出到第六套了，你唔係仲未知情緒是會回來吧？）

 # 知道咁又點

知道，我們就可以用不同的方式改變。

你還記得上一課我才說過馬先生的金字塔嗎？（Maslow 啊，唔識就問 Google 吧。）也許我們卡的關不是缺愛，而是塔尖的那個 Self-Actualization ？

 # 做個更好的自己

個英文字也許不容易明白，但我淺白的說，就是一直去成為最佳版的自己啊。如果你是 iPhone，就是每一個 IOS 都盡用所有的功能，而當你發現有 bug 時，又再升級你的 IOS，甚至變成 iPhone 15 ProMax 啊。

而在這個升級的過程中，就是必須要審視你需要進化的是什麼。君不見心理學家也好、輔導員也好，就是要跟你到達你的 B5 停車場，去改變那些負面經歷帶來的感覺。不論是處理過往創傷的感覺、是給予與感受你成長所欠缺的情感需要，或是讓你明白令自己最羞愧的事其實一點也不醜……

說到底，人的意義亦在於在你的人生中了解自己、了解到自己困難的地方，而慢慢改變，令自己可以活得更順遂、更舒服。所以，當你在懊惱你的意義是什麼時，不妨問問自己，你 B5 的感覺到底是什麼？你需要改變的東西又是什麼？

 # 到底發生過什麼事
 # 溫柔像你已長滿尖角和尖刺
 # 了解自己也是人生意義啊
 # 就是了解完先做到更好的人
 # 了解完先可以拆解你人生的困局啊
 # 點解學校無教過情緒科

Lesson 4

你睇自己嘅方式
真係合理咩？

你有沒有發現自己又或是身邊的人，時不時對自己會有很頑固的想法。而就算你用盡九牛二虎之力去告訴對方……

 # 你冇你諗得咁差啊
 # 你都好多嘢值得人愛啊
 # 你做出嚟嘅嘢好好啊

對方都如同那些覺得 COVID 是假是陰謀的朋友般著了魔似的迷上了自己的一套。當然，通常令到我們搖頭嘆息好想講句「你唔好咁啦……」的都是對自己較為負面的想法。

 # 每日真係聽太多
 # 吓咁都關你事

不過在談論你睇自己的方式是否合理之前，或者先要問的，如同我每日工作都會問十幾廿次的是……

 # 你個諗法點嚟㗎
 # 你幾時開始覺得係咁呢

你睇自己的方式到底從何而來？是其他人講？是自己心領神會？還是做完 MBTI 以後便覺得自己是 ENTJ ？（先旨聲明，MBTI 真係唔科學㗎，研究都會話你聽佢唔準㗎……）

 # 還是你根本唔知自己點解咁睇自己

到底是誰告訴你，其他人都會討厭你離棄你？

到底是哪段或是哪數十段經歷告訴你，你的表現總是差、你都是會失敗？

那麼是什麼人令你覺得，世上唔會有關心你感覺的人？

當然最容易理解的，就是小時候照顧你的人、那個環境。不過如同在評估的過程中問不同的人：「你細個屋企係點㗎？」一大部分的人都會回答說：「OK 啊，沒什麼。」但再問詳細下去，你先會發現唔對路……

 # 喂都好明顯你細個冇人照顧你情感啦
 # 唔覺得有問題原來係因為唔知呢個係問題

大概我們小時候都會有一個感覺，都學懂了一條方程式……

屋企＋學校＝全世界。

你的家人是怎樣的人，你的同學老師給你怎樣的經歷，就建構出你的世界是怎樣。

如同《年少日記》的那個小朋友：爸爸覺得我冇用，加上學校同學覺得我差＝全世界都覺得我差。

所以難怪我們人大了，總有一些想法與感覺是自己改不了。如同有人跟你說地球是圓的，但明明從小都有人告訴你，地球是方的，你總會覺得對方是假一般。

 # 要泰山唔爬樹唔做猩猩
 # 真係感覺唔對呢

但我都不是第一次在這裡講，當你真的用理性去分析時，你必然會發現，你以為的世界原來只是世界多麼小的一部分，原來世上有很多不同看你價值的可能性。

如同梁朝偉說，做了那麼多年演員，還是有導演可以帶出他不知道自己有的一面。也許你以為的全世界都覺得你差，只是你成長的那幾個人覺得你差；不過卻令到內心的那個你就算廿歲、三十歲、六十歲都還是覺得自己差。

 # 中咗詛咒一樣
 # 你要還原靚靚拳

或者如同梁朝偉一樣，你就是要找到、看到、聽到與你心中責備聲音不同的那些人、那些事、那些聲音。我可以寫包單，世界絕對沒有你想的那般絕對。《年少日記》會有一個體諒自己的 Miss Chan，你呢？如同我曾經說過，與你否定聲音不同的那些人那些經歷是什麼？是你沒有想不去想嗎？

 # 睇自己都是要平衡
 # 每個人都實有好同唔好
 # 如果你評價自己之前有一定絕對總是極度呢啲字眼
 # 要唔合格重寫嘅機會都真係好高
 # 你的世界其實可以很大
 # 飛一轉看看別人怎樣生活
 # 或者你嘅睇法都會改變好多
 # 點解學校無教過情緒科

#人生的

建立健康、
有愛嘅、
人際關係

了解自己嘅
需要與
困境！

意義是……

Lesson 5

老豆阿媽嘅準則
真係唔一定作準㗎

連我老豆阿媽都覺得我 XX，其他人又點會唔係咁？

 # 會唔會係你講嘅說話
 # 唔係自己講都有 Frd 子講

話說最近不約而同在年齡、背景都不同的 clients 身上聽到了他們心中不容易跟人說的一句……

 # 連我阿爹娘親都……

然後你會發現，原來大家心中都有一個潛移默化而來的假設，就是父母應代表著你人生中各種各樣的「最」。他們是最親密的人際關係、最能了解你的人、最愛最接受你的人、最在你悲傷得想撞頭時拉著你的那人。

 # 容祖兒話係無償的愛護
 # 梁詠琪都話世界已沒其他可比是你的溺愛
 # 真係笑聲笑聲滿載溫馨
 # 你識唱以上三首都真係有番咁上下
 # 年紀啊

於是，我們開始把父母的尺當成是世上的尺。尤其是當你的父母不是虐待你、不是擺明車馬地不愛你，我們更沒一個明確的指示去為他們的準則去加個「？」，問句：「真的嗎？」

明明阿爸係愛我，但連阿爸都覺得我唔值得人讚，其他人點會覺得我值得人欣賞？

阿媽唔係唔錫我，但係連阿媽都覺得細佬好過我，我點會唔係比其他人差？

連屋企人都話冇錢就冇價值，世人點會唔係咁諗？

連家人都可以傷害我，其他人又點會唔係？

 # 真係世紀冤案

最重要的是，**# 連阿爸阿媽都** 這個 tag，是帶著一份說不出口的羞恥感。所以我們都存放於內心深處的月餅罐中，不讓人知勿讓人見，而副作用就是根本沒有新的資訊去否定你父母的尺。

 # 生仔真係唔使考牌㗎

但是時候醒了！如同我早早就已經說，你的父母如何，如同六合彩攪珠一樣，有人一票獨得七千多萬，也有人買了一百次卻連安慰獎也未中過。如果你的父母是善解人意、沒有完美主義、會體諒會包容，我當然是李嘉欣上身地恭喜你。

但更多的狀況是你的父母也被他們的父母薰陶了那些從沒讚賞、吹毛求疵的特質；承傳了那份有感覺就是軟弱、人做得好是應分的信念。而當他們的尺，日復日地放在自己身上，漸漸地攻陷了我們的心……

 # 佢哋把尺變成了世界的尺

我們都覺得其他人會如他們一樣批判著我們；他們都會覺得我們不值得被欣賞；他們口裡沒講，但心一定是這樣想……就算口講不是這樣，也只是老生空話旨在哄騙，因為……

 # 連我老豆阿媽都唔會包容呢啲
 # 人哋點會

說到這樣，我要爆 seed 了，鄭重的跟你說，你老豆阿媽的那套不是世上唯一的一套，也不一定是令你心理上最健康的那套，更不是你餘下人生必須行的那套。我們都需要與時並進，update IOS 一般 update 個 tag……

 # 連老豆阿媽都 XX
 # 也許只是老豆阿媽 XX

也許你的人生會如同唔食 carbs 一樣，輕盈一點，卻又美麗一點。

 # 講堅真係瘦番五磅
 # 個人冇咁腫
 # 希望你們的情緒也一樣
 # 沒有那麼水腫
 # 有時加個問號會走遠很多
 # 點解學校無教過情緒科

你的心靈堂課（一）

到底你的情緒有多少是來自成長的感覺？父母的那把尺？看看以下的練習會否幫到你找出來？

試試現在回想一件你很有情緒的事，然後填寫下表：

1. 搵出你嘅感覺與事情

用 Dear Jane 把聲問：到底發生了什麼事？

答：________________________________

____

你的感覺是什麼？

答：________________________________

2. 相關的信念與想法：

呢件事點解咁緊要？呢件事的嚴重程度與你情緒的強度吻合嗎？

答：________________________________

你覺得很重要，與你一直以來的信念有關嗎？與你的價值有關嗎？它們是什麼呢？

答：________________________________

____

3. 信念出生地

你幾時開始有這個信念與價值？點解要咁？邊個話你聽人應該要跟呢個信念而行？

答：____

____

4. 真理嗎？

想想你身邊的人。是否全部人都奉行呢個信念？其他人在這件事是否都這麼大感覺？

答：____

____

5. 有改變的空間嗎？

到底是什麼感覺在阻礙你做得不同呢？是你仍然覺得不合理？還是你知道不合理但你的感覺在阻礙你？

答：____

____

你的心靈堂課（一）範例

到底你的情緒有多少是來自成長的感覺？父母的那把尺？看看以下的練習會否幫到你找出來？

試試現在回想一件你很有情緒的事，然後填寫下表：

1. 搵出你嘅感覺與事情

用 Dear Jane 把聲問：到底發生了什麼事？

答：老細話我份 PROPOSAL 可以做得好啲

你的感覺是什麼？

答：好唔開心、覺得醜

2. 相關的信念與想法：

呢件事點解咁緊要？呢件事的嚴重程度與你情緒的強度吻合嗎？

答：因為覺得自己做得唔好；好似一半半吻合

你覺得很重要，與你一直以來的信念有關嗎？與你的價值有關嗎？它們是什麼呢？

答：事情應該做得好，如果唔係就係冇價值，係廢；人就係要有用先有人愛

3. 信念出生地

你幾時開始有這個信念與價值？點解要咁？邊個話你聽人應該要跟呢個信念而行？

答：細個一直都係咁；要做得好阿爸先會開心，
先會帶你出街；老師都係

4. 真理嗎？

想想你身邊的人。是否全部人都奉行呢個信念？其他人在這件事是否都這麼大感覺？

答：好似唔係；有啲人好多嘢都做得唔好，
都仲有好多 FRIEND

5. 有改變的空間嗎？

到底是什麼感覺在阻礙你做得不同呢？是你仍然覺得不合理？還是你知道不合理但你的感覺在阻礙你？

答：總之一畀人話我唔好，就覺得個人好廢，
好醜嘅感覺，唔知點改

Lesson 6

你快樂嗎？你求的真係快樂嗎？

我要快樂！

是不是你所追求的東西？

 # 如同喜劇之王我要初戀般高呼
 # 但有時怎麼愈高呼愈不快樂

上回講到，應對小時候的不快，其實不單是告訴自己不重蹈父母的覆轍，而是要看看最有效的方式到底是什麼。然後有人就會問，怎樣知道有效的方式是什麼呢？

 # 育兒又好
 # 對人又好
 # 如何做人都好
 # 唔似父母但又冇譜嘅

大概不加思索的直覺，會令部分的我們以為：「尋開心」就是答案。

 # 做令自己開心嘅嘢
 # 成日都咁聽㗎
 # 唔係咁做咩

小時候的哀傷孤單不忿，不是家樂牌濃湯寶嗎？不是不斷找令自己快樂的事，就能夠將憂愁眼睛憂愁面孔憂愁內心拋棄吧，把那些負面感覺稀釋嗎？

偏偏有時開心只是麻醉劑，把你的眼睛往別處放，原本只是短暫的紓緩。在之前的 post 也說過，悲傷的相反，其實不是快樂，因為它們是兩種不同的情緒。用快樂調虎離山，老虎終究還是會回來。

 # 發掘到底點影響你
 # 你點睇人點睇你自己

也許最先要知的，是你小時候的負面感覺，到底如何影響著你？如何令你對人對事有既定甚至偏差的想法？

是母親告訴你一定要照顧她的感覺，否則是你衰女不孝？是父親令你覺得你唔夠 man，唔 tough，係你冇用？

是細個要不斷寄居不同家庭，覺得自己做得不好別人就會拋棄你？

是從來表達自己的需要，都會被批評覺得你多餘，小事化大？

這些信念、這些感覺，大概才是真正令你一直重蹈覆轍的東西。而不意識，繼而就不會改變你現在如何對人對己。最後又是一個中環摩天輪般不斷轉的惡性循環。

 # 發掘要改好難
 # 諗番已經唔開心
 # 好辛苦

所以說，人生不一定只追求快樂。你也許記得之前說過，快樂只是一剎那的感覺，而大概人生更該追求的目標是幸福感。當中除了一時的快樂，還包括了個人的成長、與別人的關係、成就感等等。（溫書傳送門：看下一篇）

所以不要只著眼於令自己快樂。因為有時追求幸福的過程，亦涉及要經歷許多的不快。反而著眼於成長如何影響你，如何更有效對人對己，可能更令你能唱首幸福之歌噢。

其實出 post 有時都好累
但辛苦完寫完又會有啲成功感
淨係想快樂可能我會選擇攤屍煲劇
又或者 book 日本機票酒店睇櫻花
應對人生既 challenge
有時真係會同一刻快樂相違背
不過都要做啦
加油
十卜你
點解學校無教過情緒科

6 溫書篇）：

唔開心要「開心番」
反而愈做愈覺得難？

你有多經常聽到別人不開心時說，想自己「開心番」？甚至你自己不開心時，都做很多東西嘗試令自己「開心番」？

 # 然後十個人八個都失敗
 # 唔知以為人本身就應該好開心

上回講到，人是多面的。在不同的狀態、面對著不同的人，就會有不同的面向。如同奧太（Michelle Obama 啊）講，奧生有時也不是大眾心中的好好先生啊。正因如此，我們都會有被愛的人刺痛的時候（即係周海媚做嘅周芷若一劍刺向張無忌一般……**# 童年回憶啊**）、我們都會失落會傷心。不過不開心的時候，好像有一個不明文的規定，是要快快變回「開心」。
 # 一路都唔明點解演唱會啲歌手一眼濕濕

 # 大家就要大叫唔好喊啊
 # 仲要係加油啊唔好喊啊

也許是語言的問題？我們好像覺得「唔開心」與「開心」是在同一把尺上，如同「肥」與「瘦」、「高」與「矮」一樣。不過你有沒有想過「不開心」其實是A-Lin所唱的一種「悲傷」，而「開心」是皆大歡喜般的「愉悅」，兩者其實是兩把尺啊。

 # 真係要開心大發現
 # 學是學非明辨是非

如果你有看過《玩轉腦朋友》，你就會明白阿愁與阿樂是兩個人，如同阿驚、阿憎，都是一種獨立的情緒，而其含意與功能亦大有不同。悲傷是因為我們失去了重要的東西、是你的名字停留在我的過往（國語唱啊唔該……）；而快樂是因為我們嘻也嘻也嘻般，感到自己、愛的人又或是你的群體，處於最佳狀態。

 # 喂咪都係情緒
 # 不用分那麼細啦

我明顯都係懶惰擔當，不用努力的東西我都傾向不努力。問題在於，如果我們把「不開心」與「開心」當成同一件事，自然我們會叫在悲傷在心痛的人做開心事。

你失戀啊？看周星馳啦！笑完就好了。

你被老闆炒？開咗閘喇去澳門啦！贏咗錢就快樂就興奮。

你家人對你呼呼喝喝不愛你？去機舖打機啦，刺激又興奮就會好啦。

然後卻發現自己還是擳都唔笑……然後問自己到底是方法不對，還是自己問題呢？是不是我自己沒用，所以還是過不了那份情緒呢？

 # 真係世界騙局

實情係，悲傷需要的，其實是安撫。正因為我們失去了重要的東西，悲傷是本能地給身邊愛自己的人發訊號，我們需要有人幫忙療傷。為什麼傷心的人呻完，事情就算沒有改變過還是感覺平靜一點？為什麼有人明白自己的感覺時，心口那顆大石好像小了一點？正正就是撫慰不開心的方式啊。

 # 有乜嘢咁激氣你等我攬你錫番啖

 # 怕乜喊快將我當一塊柔軟嘅紙巾

所以，當對方第四杯，喝到熱淚盈眶時；當歌手唱至眼眶通紅之時；與其叫對方笑番、叫對方開心啲，不如說句……

It's ok to be sad，我撐你。

人際關係必修科
好似最近啲演唱會文宣
都係只要你想唱我就會撐
下次都係唔好叫唔開心
係我好 sad 啊
冇咁易搞錯
點解學校無教過情緒科

Lesson 7

我唔想要呢啲呢啲……
但我唔知我想要咩啊

人生有一種迷失，叫做……

 # 我淨係知我唔想咁
 # 但我唔知我想點喎

也許我們大多數人活到一定年紀，都開始有這樣的經驗。當我們滿足了，或是部分滿足了社會、家庭給予的指引，達到了某一些目標後，便開始在想……

What the hell am I doing?

大概由細到大，我們都很容易被社會的標準、別人的期望牽著走。小時候你被告知你的目標是該讀好書，努力測驗考試入大學；畢業以後，你被告知你要搵工搵錢生活，甚至要買樓結婚生仔。然而，在這整個過程中，部分的我們壓根兒不快樂。

討厭工作沿著既定行程
天天吃 AB 餐味道照例平平

而當我們不快樂，我們就開始會問、會審視自己到底在做什麼？

為什麼我要為了生活而做這份不喜愛的工作？
為什麼我要為了穩定而繼續沒了火花的感情？
為什麼我要為了責任而留在自己不想生活的地方？

我唔想咁樣啊我唔想咁樣啊我唔想咁樣啊
好似日本啲廣告一排人輪流擰轉個頭講

然後，當你找你的朋友、伴侶、信任的人們傾訴時，也許都會被他們問到……「咁你想點啫？」

偏偏又答不出來。人生就卡住了，如同你想出街但又不知想去哪裡、肚餓又想不到吃什麼，最後當然是回歸最基本最安全的……

以不變應萬變
留在原地卻又鬱鬱不歡
你也有這樣吧

如果人生的意義在於發掘與成就那個更好的自己，那大概現在不知該往哪兒走、這一種疑似迷失的感覺，都只是一個必經的中途站吧？所以首先我們都要安一安撫自己個心仔，不知道自己想做什麼，或是該再做什麼，其實是正常不過、你我他都有機會經歷的感覺，而尋找自己下一個目的地，其實都是一個目的地。

 # 即係同搭國泰 FirstClass 一樣
 # 有時個旅程都係一個目的

當不同的人都在講初衷，你尚記得當我們還是十八、廿二的時候，也許都有過不知該做什麼有什麼目標的時候？而青春的大無畏會叫我們做咗先講。或者在接納了自己對這刻的生活感到沒意思的不安以後，就是如同你的腰圍還是廿四、廿五的時候般，走出去試。

 # 咁又唔係一定咩都拋低晒裸辭去流浪
 # 大可以由小小的由你冇唔鍾意嘅嘢做起

是的，是你不討厭的東西就試試去做吧。可能是義工、可能是參加《中年好聲音 10》、可能是獨個兒出走、可能是約中學同學食個晚飯……只要你一直去試，就算不甚了了，就算沒有什麼大突破，你還是一直在找尋與認識你自己。而這一個找尋更好自己的自己，其實很熱血，亦已經是一種意義啊！

有時想感受吓自己團火
都係要靠新的經驗
因為個腦要新嘅刺激
先至真係會著新嘅迴路
我都係唔知想點先開始寫嘢
咁就寫咗五年
我得你都得㗎
點解學校無教過情緒科

Lesson 8

用一生治療童年 都係人生一種意義吧？

你會否都覺得人生有時好難？

 # 又要顧健康顧自己顧人際關係顧情緒顧生活
 # 唔怪得咁大壓力

特別是當我們的原生家庭或是成長經歷不愉快時（其實真係好多人多多少少個原生家庭都有啲嘢，如果你冇我真係李嘉欣式恭喜你啊），那些傷口、情緒與信念如同我高位買入的英偉達股票，一直揸住不放，卻又不敢告訴別人。一來怕別人笑自己怎麼高位還會買、二來自己也覺得羞家，何須揭瘡疤予別人看呢？

 # 想當佢冇發生過
 # 卻突然有時又撻著自己

可能是因為分手、可能是因為失去工作機會、可能是別人的某一句說話，不知怎的就戳中了痛處，惹來了難以理解的憤怒、焦慮、傷心……（下刪一百種感覺）。如果你問我做人到底為了什麼，除了向外需求的食買玩尋開心以外，作為心理學家的我很想告訴你……

一為了解自己、
二為治癒自己、
三為成為更有效的自己。

 # 我們如同嚦咕嚦咕的麻雀局
 # 棟起係咩牌得你打

Let's be honest，的而且確，有些人一嚟就一手好牌叫糊，有些人卻求摸不得求上不能。但我們每一個人都總可以去了解自己到底帶著什麼走過來，而又可以再去填補心靈的缺口、發掘怎樣令自己過得順遂一點。

你知道你原來從來都在批評中長大，現在慢慢學會欣賞自己的努力，繼而欣賞他人；

你知道原來小時候被訓練逆來順受，現在學會向不想要的say NO，繼而感染別人；

你知道成長的否定令你收埋自己的感覺，現在學會表達，讓別人關心你的感受；

你知道過往你只被灌輸要達到社會的標準，現在你學會問自己真正想要喜歡的是什麼……

你知道過往受傷的經歷令你唔相信任何人，現在你學會放下少少戒心，揀人來信。

 # 你做得比尋日的你有效
 # 你做得比尋日的你更順心

做人為咩？如果由心靈出發，我的 version 就是，了解自己心靈上的難題，然後成就更好的自己。當 Maslow 的金字塔塔尖不是記得這擁抱極美好，而是在講自我實現（Self-Actualization；但你知我最憎呢啲講咗都唔知講咩嘅名 LOL），其實不就是了解然後發揮最好的你嗎？那你的特質是什麼？而令你人際、生活易觸礁的又是什麼？怎樣令你在這幾十年的人生裡對人對事會順暢一點？這些問自己的問題，也許就是自我實現過程中必須的一環吧？

 # 因有自信所以美麗
 # 使我自卑都放低

至於這療癒的過程，如果你內省力高，看看書（當然可以買我嗰啲啦，哈哈）、與別人交流、做做練習都能一步一步改變。但如果你童年的印記是如同富士山登頂的那枝金剛杖一樣，蓋滿了黑色的烙印，或者真的需要看看 therapy，來幫你梳理那一些感覺噢。

成為心靈上更好的自己
足夠你練習一輩子
只要你想
永遠都可以了解同改變
同打麻雀一樣
就算你鋪牌本身好爛
都可以畀心機打出少啲銃
人生不就是那四個東嗎？
點解學校無教過情緒科

#人生的

建立健康、
有愛嘅、
人際關係

了解自己嘅
需要與
困境！

意義是……

治癒自己！
令自己更
舒服自在

Lesson 9

喺你羨慕緊人嘅同時
你真係知人哋過成點？

你啱啱有在羨慕那 IG TikTok Threads 的某人嗎？

 # 你明明啱啱先睇完
 # 心入面又有嗰句
 # 你就好啦

到底我們用了多少時間去如同找不同一般，比較自己和旁人的分別？特別在一眾網紅都求流量、各大品牌都求眼球的時候，當我們覺得自己不夠大隻、不夠靚、牙不夠白、住得不夠靚、不夠財務自由等等的同時……

 # 你又知道唔知道
 # 到底人哋真係過成點

畢竟人腦的構造就是要我們 focus 在突出的事物，留意專注在那些很優秀的點其實是合理不過。只是也許我們要在批判自己不夠好之前，為這些羨慕、這些欣賞，多加兩句……

 # 有幾真先

那段 Reels、那張相，用了多少努力堆砌出來？先是用了半小時拍了廿次等到咖啡也涼了才有的美美相，再美圖、Photoshop 後製半小時。甚至現在根本就是 DeepSeek、ChatGPT 給我移除那背景的指令得出的結果。當我們追求的，是一個 AI 出來的標準，那會否開始真的如 Netflix《黑鏡》般愈陷愈深？

 # 你又知人背後係點

但其實這個 post 我最想講的是，老生常談的「你睇我好，我睇你好」。做了心理學家那麼多年（我再講一次，係我早出道 OK ？）實在有太多你以為過得很好的人，其實背負了你意想不到的重擔。

你以為生活富足天天 Hermès、CHANEL ？殊不知是從小就在原生家庭被評頭品足，永遠覺得自己不足夠；

你以為對方完美身段朱古力腹肌？殊不知是多年的自尊低落外加被人拋棄的結果；

你以為對方天天於日本、倫敦 Business class、fine dining？殊不知是孤單得很，一直怕與人交心。

 # 人人有本難唸的經

我常覺得，人生的意義也許跟維園捉棋的阿伯一樣，就是去找尋、破解別人給予你的困局。有幸在這些年來探索過無數人的內心世界，不論是什麼人，我們都多多少少帶著家庭、自身、工作、感情的困局，等我們去應對與處理。就算你含著金鎖匙很有愛地長大，你也會有機會反之覺得自己不夠好，不如旁人經得起歷練。

 # 專注去捉你盤棋吧

到底如何去破解性格、與人相處、自尊感等等一切的困局，從而令自己成為一個更順心、舒服的自己，也許就是人生其中一種做到一百歲的意義。

所以，捉自己的棋吧！把眼光放回你的內心，也許你會發覺你能找到你往後需要照顧、滋養它的地方啊。

 # 同 Wakeboard 一樣
 # 你對眼放喺邊
 # 你個人就會去咗嗰邊
 # 做個更好的你

就係要填番心的那些窿窿啊
講意義的一課
點解學校無教過情緒科

Lesson 10

不如問吓自己……
你為他人做咗幾多？

你對上一次為人做嘢係幾時？

 # 唔係返工幫老細
 # 係為人服務

上幾回都一直在說，人生的意義，可以是了解自己、改進自己、繼而像方麗娟一樣令自己發熱發亮，盡力做個更好的你。但除了自己以外，人生的意義，其實亦可以是服務他人。

 # 嘩好老土
 # 助人為快樂之本

不過老土的事仍能流轉至今，如同 CHANEL 嘅 little black dress，經得起時代的考驗，是絕對有原因的。一談及做人的意義，不同的心理學大師都會用一疊又一疊的研究論文來告訴你，意義從來離不開自己與別人。

不論是最早期講存在的意義的 Viktor Frankl（奧地利嘅名好型），或是近代一點講正向心理的史馬田先生（我作嘅中文名好唔好聽 LOL），都會告訴你為人服務其實能給你一種莫名的意義。

有冇睇 911

你會因為看到 118 消防局的消防員那份幫到人的熱血而動容……（外加又大隻又靚仔想點）；你會因為以前睇《妙手仁心》、《On Call 36 小時》救到別人而振奮，因為我們有時都需要感覺到人與人間的聯繫、都要感到你能夠有能力影響或是幫助他人。

當我們慢慢地改進自己，治療成長時候帶來的困境，下一步，也許是如何利用進化了的自己來貢獻別人與社會。Do something bigger than you.

我冇咁嘅能力喎
我又唔係咩專業

其實為他人、為社會服務，即使你沒有什麼特別的技能，即使你只是路人甲，都可以有你發揮的地方。你用 AI 研究治療癌症的新藥固然意義滿滿，但小如做義工去沙灘拾垃圾、去為你新識的朋友焗一盤曲奇餅、送我的書給你有情緒困擾的朋友（呢則廣告由崖柏提供 LOL），都是有機會令你感到存在與意義的行動。

 # 不為小而不做
 # 不要以為你唔勁就唔做

說到底都是那一句，就算你認為你是零、是馬天佑那洗板式不停唱的〈我們什麼都不是〉，你都有你存在的價值，你都能發掘你能貢獻別人的地方。大概有時候總會有種誤解，是一定要 the BEST，要在那能力拿 A 才能贈予他人。要唱功好如陳奕迅才能為人高歌；要做陶瓷靚如日本匠人才能送人你的作品。

 # 喂我做 therapy 都唔係最勁
 # 又唔代表我唔能幫到其他人

當你用心去服務他人，你不需要 be the BEST 都能感到那份意義。也許你會害怕做了以後有人笑、有人批評，但當你的心在於他人，總有人會看到你的那份愛、令你感到做人的意義。

 # 服務他人係目標
 # 唔係手段

唔，講明先，不是說服務他人便沒了自己。大概有人會說他總是一直犧牲自己來成就別人，然後仍然鬱鬱不歡，因為對方沒有回贈相類似的反應與對待。要搞清楚，這裡的為別人服務不是講討好別人來讓別人喜歡你，而是單純地 make the world a better place。

我們好像很久沒有玩過集思廣益的遊戲，我想請你在下面寫一個這星期你會為別人服務的行動。研究說為自己訂了確切的日期與行為會提高成事的機會，而且你的行為亦可能是令別人茅塞頓開的參考啊。

 # 為人為己
 # 為人都係一種意義
 # 你又話自己唔知為咩時
 # 不如超脫啲
 # 做啲嘢 for 大眾與世界
 # 點解學校無教過情緒科

 # 放手

 # 放開所有

人生總會給你練習努力完，然後等結果的機會。中，固然開兩枝 Moët 慶祝；不中，亦要撫慰自己的傷口。而在整過個程中，亦要學會交託。

如果你有宗教信仰的話，當然是交託給主、給真神阿拉、給觀音菩薩。但如果你什麼都不信，也請你學習交託給命運、給冥冥。

 # 冥冥之中自有主宰

因為我們都要承認與接受就算我們盡了力，也就只有這麼多；還是有我們控制不了的人、事、物。盡了力以後，就如所有頒獎禮說的那句「平常心」，真的是要隨緣。就算求不得，也不要再怪自己了，天意，真的佔很大部分。

最後，記得要為自己加番那句：

你的努力很爭氣
欣賞你啊
人生意義
都係接受無常
彼此更自由
點解學校無教過情緒科

 # 我全部都要

如果你的答案是全部，那不就是說生命還有很多你想追求的東西？又或者你會不會發現，你已經有一些很重要的東西？

 # 死命不想放手的東西
 # 高呼一句我 care

也許這一整個 chapter 都想告訴你，一世人流流長，總有失望、挫折、很谷底的時間。但當你開始覺得好像沒什麼意義，生存不知為了什麼，有點迷失的時候，不如望望你的價值。你可能會發現它是你的燈塔與空港……

 # 何時若覺不安
 # 都清楚燈塔會於哪方

同時間，隨著年紀與經歷，你的 value 也會跟你的擇偶條件一樣，慢慢在改變。你也許從追求腎上腺素飆升的激情，到細水長流的感情；人生價值也如是，從忙著破天荒的工作成就，到變成自由健康。在這些轉變的中途，心情難免會有很多跌盪，但就是要記住提醒自己：

生命還是有很多值得追尋的東西
人生還是有很多可能性啊
你的價值如何
你的動力也如何
點解學校無教過情緒科

#人生的

建立健康、有愛嘅、人際關係

了解自己嘅需要與困境

意義是……

治癒自己！
令自己更
舒服自在

發揮自己
令世界有所
不同

#PSY4002
做好自己課

做好自己課

課程簡介

上一課講到，人生意義的其中一個部分，就是好好了解自己，然後拆解改進沒有效的地方，從而成為一個更自在舒服的自己。

 # 過程係唔容易㗎
 # 好過你齋坐喺度呻

這一課，就是為了給你一些啟示，去開始拆解命運給你的困難。也許是原生家庭為你帶來的信念，或是在求學時期的創傷，甚或是某次十分改變你的戀愛經驗……

 # 都話戀情告急係我很喜歡的戲
 # 愛情係會令你有好多學習

到底如何在這一切中調節自己的感覺與情緒，大概就是這一課的重點。不論是識破自己無效的應對、學習為自己行動與愛自己等等。

02

好似打麻雀換牌一樣，換回來的也許不是每一隻都適合你，但又有可能打著打著，又會發現你需要的東西改變了，而想要回之前你不需要的。這一課，也許不是每一個章節都會此刻吻合你的狀況，但不妨收在你腦內的某個角落，或者有一天你會用得著噢！

Chapter 2，スタート！

Lesson 1

心動不如行動
齋諗唔郁係唔會心情好

「等我心情好先做啦」，你有幾常聽到你身邊的人，甚至你自己的心去講這句話？但你有沒有想過，其實所謂「心情好」是怎樣而來？

 # 個個都話要心情好
 # 咁點先會心情好嗬

或者我一開始就要劈頭講一個，如同你發現周杰倫已經是肥中佬、阿 SA 都已經要用 50 惠般殘酷的現實……

就算你成世人咩都唔做，都會有令你唔開心的事發生；
但你成世人咩都唔做，可以完全冇令你快樂的事。

 # 咁唔公平㗎咩
 # 我咩都冇做錯過

是的。最殘酷的點就在於與你的對與錯無關。

就算你把自己困在大家幻想中的精神病院房間（即係啲戲成日做一定係鋪晒軟墊白濛濛又冇窗嗰啲呢……利申：真實唔係咁樣），沒有任何的刺激，你還是會病會痛、會關節炎會腦退化；進階一些你還是會思考做人為了什麼、你到底有沒有用……

 # 講完都灰灰哋
 # 擔心就係咁樣嚟
 # 未到但齋幻想都夠驚嚇

但正面的感覺、你們常常想尋的開心感覺呢？困住自己就這樣坐著什麼都不做，坐足十年，你都可以完全係冇，可以係零。

不是說我們只有快樂與悲傷兩種情緒，我們還是有平靜、緊張、厭惡等等的情緒。但當見到很多 clients 總是說想如同趙學而一般「尋開心」，我們大概沒有留意到，開心是真的要「尋」，是要行動的。

想要有興奮尖叫的感覺，你是要買飛去睇 Adele 同 BLACKPINK 演唱會；

想要有成功感成就感，你是要去練習拉那朵咖啡花，練習彈那台結他；

想要感覺別人愛與關心自己，你是首先要去建立人際關係；

想要心靈平靜的感覺，你還是要去做靜觀、去做 Hot Yoga。

 # 我冇動力啊
 # 我有動力先做到啊

又有人會覺得要等到有動力，如同蓆夢思廣告，瞓完精力充沛伸個懶腰那一刻般的狀態才去做。但跟下雨天要等的士一樣，大部分人等極總也是等不到。更何況，你會發現，很多時候是行動帶動那份動力，而不是反過來。

明明不想起身上班，腦內充斥著射波的想法，但硬著頭皮做了，多完成了一兩件工作，那股動力又好像慢慢回來了。明明不想 social，但還是去了那場生日飯，遇上了對得了嘴的人，心情又好像好了點……

 # 但我做咗去咗都冇心情好

那行動當然不等於寫包單會改變你的心情，買六合彩也不一定中，但不買就呢一世都不會中，大概也是這樣的道理吧。如果你為自己分析過，理性上是對自己利多於弊的行徑，那就青筋暴現般大叫一聲，然後迫迫自己去做吧。

 # 我唔知去邊先有活動
 # 我要初戀啊

其實現在坊間都多了很多地方為不同人士提供社交活動、滋養心靈的地方。例如賽馬會有個中心——賽馬會平行心間計劃 LevelMind at JC ，為啲好似我一樣嘅青年人提供一個可以識到人又有嘢玩的空間。

 # 你知香港都係土地問題
 # 又有 cocktail 班又有蠟燭班
 # 工聯會般多活動

如果真的有輔導或心理需要，他們都有個人與小組治療喎。所以，只要我們想，還是真的有很多提供我們行動的機會。就為自己迫出那一點力，讓行動帶動你的動力吧。

 # 太多人淨係坐喺度諗
 # 諗那個最安全最萬無一失的活動
 # 其實好多時都只係空想
 # 坐言起行捐血救人
 # 行動是重要的喔
 # 點解學校無教過情緒科

你的心靈堂課（三）

你知道唔知道，研究話，你確實地定下了日期時間去做某些行動，是會大大提升他發生的可能性與動力？

（所以你唔到睇少，通常我哋見 client 都定晒幾時做咩先畀人走 LOL）

 # 可摸以你都試吓
 # 為自己定吓
 # 呢個星期每日的某一個時間做一個活動

坐言起行做咗先講計劃表

你想實踐嘅行動係？	
你第一步要做嘅係？	
你今個星期幾做？	
幾點做？	
約邊個做？	
有咩嘢會提到你做？ （Set iPhone alarm? 叫屋企人提？ 黐張紙條喺雪櫃？）	
做完可以畀咩獎勵自己？ （食餐牛角？ 睇套 NETFLIX ？ 食粒杜拜朱古力？）	

Lesson 2

被打被侮辱最甘嘅其實係
你覺得所有人都信唔過

「人都係好危險，都係信唔過」會唔會係你心中的強大信念？

 # 你可能會驚訝
 # 其實好多人都好怕人
 # 覺得所有人都係信唔過

曾經講過，父母與我們的相處深深影響著我們怎樣看待人際關係。畢竟我們面對最久、最有期望與感覺又最直接的人際關係，叫做「屋企人」。而最容易想到會「出事」的相處，當然是在報紙新聞都時有報導的家暴與侵犯，因為傷害你的人偏偏名字叫……

家人。

 # 當電視日日都講愛回家
 # 當媒體天天都歌頌父愛母愛
 # 世紀大矛盾

大概做我們這一行有一段日子的人，都會駭然發現，最多的暴力與侵犯，傷害得最入心的，往往都來自家人。拳打腳踢、用架生工具打、除光衣服趕出門口，甚至形形式式的性侵，其實都比我們想像之中的多。只是長大了的我們，都懂得把那些傷害好好地掩蓋與收藏，跟自己說一句「過咗去唔想再提了」。

 # 而內情偏偏不知該向哪兒笑著說起
 # 最多的 MeToo
 # 其實可能喺屋企

當我們漸漸長大，很多時那些傷害都會減少與停止。畢竟我們已懂得有樣東西叫「還手」與「大聲叫唔好，快啲逃去安全的地方」。但對於我們心中的改變，往往如同曝曬了一整天後的皮膚一樣，那份灼熱與色斑，是會維持好長的時間。

 # 人都係壞嘅都係會傷害我

這是種最容易產生的信念。因為我們都有樣東西叫做 assumption。我們都會被大眾媒體、學校甚至整個環境教化至假定：家人是最愛你的人……

跟許志安唱句
最心愛的人卻傷害我最深

這個推論下去，心中的潛台詞就是連最該保護我的人都傷我，那其他人不用說了吧？當其他人就算毫無惡意地接近你，你都會怕，你心中的那盞 BEE BUU BEE BUU 紅燈都會不停地閃。然後，你的自我保護又會容易使你在「學校」（註：一個充滿腦囟還沒有生埋，卻又荷爾蒙滿瀉，而且極需別人認同的寶寶的環境）中被人欺負。於是，這條怕人覺得人是危險恐怖的根又會繼續生下去。

其實，要斬這條根，不是靠《黑暗榮耀》灑狗血式的報復，而是我們需要知道……

世事無絕對
假設是要用來推翻的

如同我之前所說，你的家人是誰，其實只是一種風車旋轉型的電動攪珠機派彩。所以家人對你最好、是你的安全島，只是牽涉一種機率的東西，你是可以有派不中的時候……

如同去沖繩峇里諗住一定陽光與海灘
點知唔係雨季都落雨

的而且確，世上是有立心不良、邪惡、恐怖的人。但同時間，也是會有愛心、有安全感會保護你的人。而再下一個層面是，你覺得信不過的人也有他可以信任的時候、你覺得可以依靠的人也是會有令你失望的時候。所以用一個比較多變的角度去看人，你會舒服與自在一點啊。

 # 你的父母如何你的人際關係也如何篇
 # 要帶腦識人
 # 有時用理性分析一下
 # 又打電話問吓朋友
 # 不要一竹篙打晒一船人喔
 # 點解學校無教過情緒科

Lesson 3

其實呢……
真係冇咁多人留意你呢

你會不會總覺得別人在留意自己的不足？然後我們覺得旁人都覺得自己差、自己蠢、自己弱？

 # 又係社焦嘅朋友
 # 耐咗再外加抑鬱
 # 但係事實又有幾真確呢？

之前講過真．社焦不是普通因為不想見人就當自己有社交焦慮。有些所謂的社恐只是 I 人性格（再重新利申，MBTI 不太科學的，但如果單純講你係 Introvert 定 Extrovert，咁都係好好嘅性格形容詞嚟嘅），不喜歡見生埗人；又或是覺得人際關係很麻煩要想太多，所以不喜歡交際。

 # 真社焦係真的怕
 # 怕你點睇我

不論是覺得對方覺得自己醜、覺得自己無內涵、覺得自己蠢、覺得自己悶……

（OMG，點解我突然在腦海中浮現了《溏心風暴》關菊英個樣同把聲？一定係啲 Reels 成日彈出嚟，明明當年做嗰時我都未出世……）

但到底，那個會不斷地嫌自己、批評自己每一個不足的人，是關菊英，還是自己呢？

 # 我諗你諗乜
 # 其實係我自己點諗自己

其實不難發現，往往很在意別人怎樣看自己的人，特別是真・社焦的朋友，自我形象都是比較低落。當關菊英就是你自己，我們當然特別的驚怕別人會看穿自己的那些偽裝，就像對方看得到平時自己沒穿衣服，在鏡面前數落腰間贅肉與拜拜肉的那刻。

 # 突破盲點

但在衡量對方是否會有跟你一樣的批評前，也許我們先要問的問題是……

喂人哋有冇真係咁留意你啊
要攞大眾嘅焦點其實唔容易

除非你是何伯與何太，刻意去報東張，還要你的故事爆點滿滿，才能有機會留在大眾的目光之中。但事實是，在大多的社交場合，我們都不會完全留意對方。我們最在意的那些樣子很生硬、妝化得不好、自己蠢和悶，其實很多時候都不為人注意。

最在意的只有你自己

就算別人真的留意到你某一刻的不足，大多時候都是水過鴨背（呢個字會唔會好老？）轉個頭便忘了。其實喜歡一個人與否，真的不在乎某一刻的表現，而更重要的是你整個人的性格與相處。問問你自己，如果那個你喜歡的人今天黑面不出聲沒反應，你可能會覺得他有點古怪，可能你會認為對方有事發生，但總不會就此不喜歡他。

當你沒有拉褲鏈、新的衣服沒有搣價錢牌，都未必有人會發現到，更何況你在社交場合某一刻嘅表現？說到底，最覺得自己不 OK 的，其實都是自己。

咁點算喎
做個舒服的自己

當然不是說我們完全不留意自己的行為，如果你穿著螢光黃 T shirt 加 SaSa 綠色眼影，都是會惹人注目的。但事實是我們比大部分人想像中更善忘、更沒能留意到細節。就算對方真的注視了你絕妙的化妝配搭，但看你兩眼以後又是否轉頭就忘了你是誰呢？

做個舒服的自己，其實前提是要相信，就算你不聰明、不是十分有趣、不懂電影音樂運動，還是會有其他人喜歡的地方。也許你未必是主流，未必是大眾的「我最喜愛」；但就算你是獨立歌手，也是會有喜歡你的人啊。

 # 要人留意自己其實都唔容易
 # 你睇幾多人要嘩眾取寵
 # 實際上 Loong9 你又有冇睇識唔識
 # 同經營 IG 要搵流量密碼一樣
 # 你估要人留意咁易咩
 # 都唔係露肉就得㗎
 # 不過我連樣都唔露
 # 最多只係請你食杏仁露
 # 點解學校無教過情緒科

Lesson 4

拖都係關情緒事
唔好畀害怕拖累你

面對著要做的事，「拖」會不會是你的首本名曲？明知要做卻總是拖，真的只是因為懶嗎？

 # 何必一拖再拖
 # 拖一天多一天亦是捱過

這兩句，大概很多身邊人都會告訴你，甚至你自己也心知肚明。但我們總是沒有那份如同 Tesla 一踏油門便長踏長有一直衝的動力。然後到了那條死死實實的死線，通頂也好、hea 做也好，最後砌了一個成果出來，但又會自責為什麼成果如同天氣一樣不似預期，但明明自己可以多些時間、完成得好一些……

 # 你睇我寫 post 就知
 # 拖咗幾耐

在我們立刻怪自己懶、怪自己差，把自己的自信重打一百大板之前，有沒有想過，也許不只是負面的標籤 tag 完就算，而是有更多的原因有背後，更有很大機會與你的焦慮有關？

 # 你知我最喜歡 tag 嘢
 # 拖或者要 tag 嘅嗰個字叫
 # 怕

頭盔要先戴好，當然每個人拖的原因也不盡相同。可能是真的忙到唱句「總愛說事情太多，時間不夠」，又或是根本那樣東西不重要，遲些做也沒有什麼關係。不過你既然看得到這裡，我相信你或是你關心的人都不是這些拖友。

真正的「拖友」，是習慣性地拖，拖到件事的結果變得一塌糊塗，甚至重重複複被你身邊的家人、老師、上司、情人不斷跟你控訴，嫦娥式日哦日哦你都還是一樣的狀態……

 # 你早啲做唔得嘅
 # 明明大把時間硬係要咁遲嘅

研究會說，大部分拖友，都很可能是因為「怕」。

怕，是怕做那件事所帶來的負面感覺，那份煩厭；
怕，是怕自己會做得不好，做得不夠完美，不是日本匠人心中般的完美度；

怕，是未做之前的那些「烏蚊呢唇」與想像，猜想別人會怎樣評論自己、會否做得很差。

 # 原來我哋都係拖緊接受負面感覺
 # 拖緊原來都係避緊

拖那份「阿晒文」，是因為避那會做得不好、做到口吐白沫的感覺；

拖幫女友整電器傢俬，是避那體力勞動、那用很多時間對齊條邊的感覺；

拖去 book 機票酒店，是避開那覺得一睇就會停不了左諗右諗的感覺。

 # 咁點算好

首先，或者我們都可以把那件事拆細來做。把一件拖的事斬件，然後目標就是做第一步。就算是很少的一步，你會發現，好似沒有那麼難完成，沒有那麼怕會做得不好。如同這一篇文，跟《愛・回家》昨夜的一集一樣，真的分了好幾次寫。又如同做gym一樣，如果每次都一定要做晒cardio又操背胸腹，都係會很令人卻步的。就給自己訂下只是跑跑而已的目標，你會發現有時做順了，你自然會繼續做下去

 # 係細個學嘅 Inertia 啊

再來就是要犒賞自己，完成每個小步後，都給予自己某些獎勵。也許你會說，那麼小也要獎？香港人都習慣虐待鞭策自己，你還記得我之前都寫過，要持續地改變，需要的是支持與鼓勵。用你的正面感覺來獎勵你有面對怕的、拖的事情的那份勇氣，其實很配很值得啊。

而獎勵亦不一定很物質。簡單如每做完一 set 拉背，就給自己碌三個 Reels；寫了這篇文的開頭，便給自己看三間泰國酒店的相片一樣，都是不用錢的正面感覺啊。

 # 拍拍自己膊頭

最後，亦最重要，是拍拍自己膊頭，讓自己知道，做到也好、做不好也好；成果好也好、不好也好；所有嘢都中規中矩也好，都不會是你不夠好。人有三衰六旺，不要讓一件事一個結果嚇怕自己，你的表現如同基金價格可以變，但你夠好的信念，是不需要變噢。

 # 敢愛是別要怕誰又會怕
 # 睇愛回家又咁啱係拖
 # 真係拖一天得一天亦是捱過
 # 要對付怕
 # 真係要拍拍自己個心仔
 # 講句 itsOK
 # 點解學校無教過情緒科

Lesson 5

我認我還未很慣
對你好嘅嘢通常都係會唔慣的

「我知係好啊，但我感覺唔對啊！」

 # 會唔會成日都聽
 # 覺得唔習慣
 # 都係做番本身果套

之前講到，老豆娘親的準則不一定就是世界所有人的準則。真係世界咁大，邊度先最啱你？（景鴻背景音樂啊唔該）不過就算知道世上還是有很多其他人會用不同的方式待人處事，真的落實去用新的信念行為去做人時，我們那份直覺，那種既定的模式又會使我們囉囉攣……

 # 都係唔聚財呢

然後，我們開始為了那份不習慣加上很多原因。

可能啱人哋，但係唔啱我，我都係唔會做到㗎啦～
可能我已經同許志安一樣係一個壞咗嘅人，唔會改得到㗎喇～
可能係我冇毅力，冇恆心，我唔會用到新的方法呢。

於是，我們繼續用舊有的模式生活，然後那份不快、那份悶悶不樂又再如同 Facebook 的大陸劇 feed 一樣，重新輪迴一次。也許有人又會在這個關口說……

 # 理性與感覺鬥爭

應該是考中文最討厭的「部分正確」。是的，這是和感覺的鬥爭。如果你上了這幾年的情緒科，你應該知道我一直說感覺是種很原始的東西，你的情緒與感受其實很直接很快。在曼谷看到別人玩水，你會自然興奮；在老闆面前 present 你 prep 幾多還是會緊張；受過侵犯你自然會對人害怕……但是我們感覺往往沒有 logic，沒有分析，更沒有考慮有沒有效。所以你的感覺與你的員工一樣，是需要 appraisal 的。

分析過後，當你發現你的感覺帶你走進死胡同，就算感覺不對，我們還是要提醒自己做《宮心計》中的姚金鈴，把自己的感覺當成劉三好一般對著幹。你叫本宮行東，就算感覺不對，本宮偏要行西。說穿了，認知行為治療很多時候就是正正要跟你的抑鬱焦慮對著幹。

理性與腦袋鬥爭

其實理性不單與感覺鬥爭，更與你的腦袋鬥爭。話說現今科技一日千里，腦神經界別都增進了不少對於腦袋構造與運作的知識。其實只要你習慣性地做一個行為，用某一個模式；不論是用左腳腳趾揸筷子、臨瞓前要做靜觀呼吸，還是要見到陌生人就要驚，或是提到身高就不開心；只要這些行為與模式經常同時間出現，其實你的腦神經元亦會學習到它們是 friend。於是下次同樣情況，你的腦神經元都會如同 Twins 一樣，總是一起發放訊號。

本來就是為了方便我們，所以我們做慣的東西都可以不用腦地（比喻啫，你其實冇嘢唔使用個腦）一心二用做。所以我們可以一邊講電話一邊行去地鐵站；一邊食飯一邊睇《愛・回家》。不過要扭轉習慣的模式，就要用很多「腦力」去扭。如同你用慣 Ctrl+C/V 係 Copy and Paste，突然間變了 Ctrl+PV，你是要用多很多時間心機去改一樣。

咁即係你想講咩

寫了那麼長，都是想告訴看到這裡的你：想過、衡量過是好的東西，還是需要很多努力去改變。千萬不要因為感覺不良就放手，放手真的不是彼此更自由，反而更是要逐少逐少去做得不同喔。

 # 加油啊 baby
 # 其實你哋有冇嘢都係咁
 # 即係新年嗰啲今年目標呢
 # 呢個月份出呢篇就啱晒
 # 應該差不多發現好難改
#The 改 MustGoOn
 # 點解學校無教過情緒科

Lesson 6

驚人哋唔鍾意自己 # 反而愈做愈錯

「唔想人哋唔鍾意我。」

會不會是你心入面常常出現的恐懼呢？卻好像愈做得多，偏偏愈弄巧反拙？

古惑的槍般的原理

（原諒我又成個月先出 post，實在太多嘢要處理，你知啦，行是要常常旅的，但除咗飛機上的數小時，好像擠不出時間寫東西，睇嚟我都係要搭 long haul。**# 我衰我認**）

上回講到，如果我們都批判少一點，讓自己看得到世上不止有好與不好，也許我們各自壓力都會少一點。但再討論下去，我們會發現，有壓力大概是因為我們都怕，怕別人不喜歡自己。

 # 極少人生出嚟就唔想同人相處
 # 都係後天學番嚟保護自己

除非你是天生有些發展問題，否則作為群體動物，與其他人 get along 都是我們的本能需要。所以就算你多麼想否認，但我們還是需要社交，還是希望身邊的人喜歡與自己相處。

 # 唔係韓劇粉紅色泡泡嗰啲鍾意
 # 係講緊喜歡與你相處嗰啲鍾意

由學校開始，我們跌跌碰碰與人相處，就看你成長中有沒有高人指點迷津，在變成大人的一瞬間前，教你如何令人喜歡與你相處。沒有的話，大概我們就會自創了許多看似合理，卻又愈來愈讓人不想跟你對話的特質。

每次相處都如同求偶中的孔雀，吹噓自己有多靚有多叻；
每次相處都完全遷就別人，就算別人根本不想這樣；
每次相處都怕自己會顯得不夠有趣不夠好，儘量不說話……

 # 或者講出嚟好似好簡單
 # 但偏偏做嘅就當局者迷

如果不是每次都要向你展示我的滿身肌肉，或是學富五車的經濟知識，那到底令人喜歡與自己相處的特質又是什麼呢？

#聽人講嘢

研究會說，其中一樣最容易令人喜歡你的，叫聽人講嘢。原來除了食瞓屙以外，我們的另一個需要就是被聆聽。腦神經剖析發現，原來當我們分享自己的時候，大腦的訊號跟我們在食那曼谷的 Copper Beyond Buffet 和見你的夢中情人性致勃勃時很相近。那個 rewarding 的系統是如此的熱烈地彈琴熱烈地唱。

#原來唔止食色性也
#分享自己都係性也

怪不得我們都喜歡會真心聆聽自己的人。然後你又會發現，怪不得那聽你一兩句就開始把話題帶回自己的人，是多麼的令你想如何太般給他一張膠紙封嘴。

#為咗人哋鍾意而冇咗自己

可能又會是你想講的東西。但令別人喜歡跟自己相處，不一定那麼極端。如我一直說，人際關係是一種平衡。當然不是叫你從此就只聽不說！那份工作叫做輔導員，是有錢收的。

當你需要分享你的不快與感受時，固然還是可以向你身邊的人說啊。只是要提醒自己我們除了一張嘴以外，還有一雙耳。當我們想別人和自己親近，也許我們都需要學習聆聽別人的感受，而不是只努力地表現自己啊。

我哋都想別人喜歡我
但我哋又唔識點令別人喜歡我
聽同講都何其重要
喂我講緊同人相處
唔係拍拖啊
我知你可能又會想問咁如果我男友唔講佢嘅嘢咁點
我係講緊普通與人交流
伴侶加咗太多其他嘢
要再多啲剖析㗎
點解學校無教過情緒科

Lesson 7

有時理性化所有嘢
其實都係一種逃避

有沒有遇過，總是在傷心的時候，立馬把事情理性化的朋友？

 # 立即變理性亦得
 # 得咗

久未出 post，除了因為放了一陣假之外，就是因為家中發生了一些事。但我寫東西的動力總是在很多情緒時會澎湃很多，這大概就是我一直說情緒所帶來的動力吧，哈哈。

 # 又要溫書啦
 # 負面情緒都有作用
 # 畀能量我哋行動啊

最近發現，在身邊的人都有負面情緒時，原來周圍是會有很多理性化的聲音。明明你聽下去好像很合理，但當你情緒很洶湧時，那些說話總好像向自己的悲傷摑了幾巴。

小時被父母天天打罵，心長存一個洞，大了卻總跟自己說：父母冇學過，那年代個個都是這樣長大，很合理啊；

有朋友家人過身，痛哭傷心時總有聲音說：他病得那麼重，走了也未嘗不是一件好事啊；

伴侶劈腿自己被分手，來回地獄又折返時，又會有人跟你說：這樣的渣男，早晚也是會分啊；

甚至有時連自己都會跟自己講：啤，識得嗰七日，愛咪愛佢啲錢。

 # 去去情緒走

施完這句理性化的咒語，我們好像期望對方的情緒會如同哈利波特般被石化，然後瓦解。但當你親身經歷過之後，可能你會發現事實告訴你……

 # 唔 work 嘅喂
 # 點解好似咁難聽嘅
 # 明明好合理㗎

是的，那條道理，那道邏輯是完全沒有問題，沒有錯的。只是，如同世上的戀愛一樣，問題的名字叫……

#Timing

你會發現，原來有很多人的理性化，目的其實都是為了避開那份不開心、那份傷感。如同鄭秀文的〈傷〉，心傷過的人自然明白，那是種錐心的痛、是整個身體都像掏空了的痛，所以避是很正常的反應。

可是，如同我一直說，情緒是有其功用，你不感受、不理解便立馬野蠻地把它如同火種般冚熄，是會有反效果的。當你都未有足夠的空間與時間去感受理解那份傷感，便有人做了《烈火雄心》的王喜向你的情緒噴射式灑水，那道傷痕只會潛藏至某一刻，到不能承受時再一次過火山爆發般爆回來。

 # 以為灑水就熄
 # 點知原來有時要畀佢燒到咁上下
 # 先開始救
 # 多謝雷隊長教我

如同有些菜鳥治療師跟別人做認知治療，連對方的感覺都未探索到，就把那些思想陷阱、那些理性傾巢而出，是會令對方很反感而跟你 say byebye 的。

我們不是不理性，而是要明白，我們大腦的構造，情感與理性的部分其實有點距離，要處理感覺，先要讓自己去感覺，再能叫理性慢慢出來撲火。一有感覺就把它合理化、理性化，其實對自己的感覺也是一種否定。

 # 咁幾時先理性

我都想確切地告訴你一個精準的時間。但如同蒸海鮮一樣，你那隻鮑魚大小、你喜歡的口感、你那個蒸爐是明火還是蒸焗爐，都會令你蒸的時間有所不同。但大原則是，感覺與情緒，還是要先感受與理解，才慢慢地加回那份理性。

年末將至，希望你們都可以好好為自己回望這一年發生的事，審視這一年的情感，好好去面對自己所有的感覺。

 # 當然年尾我又會有練習畀大家
 # 仲有年末情緒科考試
 # 盡力預備中
 # 你哋快啲溫定書啦
 # 高材生有獎品㗎
 # 點解學校無教過情緒科

Lesson 8

困擾抑鬱要學嘅技能
叫懂得接受

個個都話要接受，唔通個個都識接受咩？

 # 失去療傷的必修學分
 # 唔係口講一句就算

一世人流流長，我們都總遇過令自己傷心失意的人與事。如同我第二本書說過，抑鬱的背後其實包含了某一種失去。失去你重視的一個朋友戀人、失去一份你依賴為生的工作、失去你看自己時看到的價值、失去買 Sammi、Ian 演唱會尾場的機會。

 # 炒到六千大洋
 # 我買你買不起

而當你因為那份失去而哭到喉嚨沙啞，眼腫猶如雞蛋之時，都總有關心你的人叫會跟你說：「都過咗去啦，你接受佢啦。」甚至連你自己都告訴自己已成定局，就接受它吧？

 # 知易行難
 # 接受到先得㗎
 # 學校都無教

是的，學校真的沒有教如何接受失去、接受負面情緒的存在；但偏偏我們常常都被告知不論怎樣的不幸與不快都該去接受。

 # 儘快將憂愁眼睛憂愁面孔憂愁內心拋棄吧
 # 點做喎

接受其實真的不單是說出口的兩個字，還包含了很多了解、釐清自己的想法與感覺的過程。要達到接受，原來背後已經有很多研究與方式去明白與輔助那個過程。

 # 你最終價值在哪裡

其中一個接受路途上的中途站，叫明白自己最終價值到底是什麼？再落地的說⋯⋯

 # 你最後係為咩啫

你因為失去那個男人而傷心，原來你最終追求的是感到自己重要與被愛；

你因為航班延誤而遲了兩個鐘頭才到泰國，錯過了那餐早已 book 好的米芝蓮，你發現原來最終追求的是那善待自己的心（我而家喺飛機真人示範）；

你因為買不起樓上不了車而閉翳，最終為的原來是你渴望給太太一頭家，做個好丈夫的角色。

你追求的價值到底是什麼

大概很多時候我們都把手段當成了目的，而當某一個手段行不通，我們便如《家有囍事》沒電視看般的李香琴闖海山，高呼世界末日。但當我們再細想下去，才發現只專注了那份行不通，而忽略了你的最終目的地。

原來有 detour

原來人最終的 value，很多時候是有不止一條道路去達到的。當你發現你有別的路徑去體現自己價值的時候，那份失去，就會顯得容易接受一點。

就算失去了一個男人、一餐米芝蓮、一個上車的機會，我們還是可以用其他的行動去感受被愛、去善待自己、去做個好丈夫。你的航班取消了，殊不知原來你的價值是東京成田，好多間航空公司、好多班機都有得飛；再唔係原來經台灣轉機仲平。

\# 有時都係要搵人幫

當然這個尋找的過程也不是想像般容易，有時還是需要輔助與幫忙。如同我想變大隻一樣，以為跟 YouTube 與 IG Reels 就會有 Tom Daley 般的身段，怎料天天推胸拉背我還只是如同發了福的 Tom Cruise 般。最後還是死死哋氣為自己找回一個 PT。

\# 接受與承諾治療

所以如果你都有些情緒困擾，也許都要為自己找到那個價值是什麼。這亦是接受與承諾治療（ACT）的其中一部分，ACT 是個研究說有效治療抑鬱焦慮的方式。如果你都有興趣要多一些幫手的話，要學習協助自己接受不想接受的，從而處理自己的抑鬱焦慮。

 # 同搶機票一樣
 # 照顧自己心靈的好東西都要搶
 # 係咪要捕小斯咁捕住我個 page 哈哈
 # 點解冇學過點接受
 # 成日都有人問我情緒科點教
 # 呢個一定係必修單元啦
 # 要參加啦
 # 點解學校無教過情緒科

Lesson 9

最有回報嘅投資
係投資喺自己度

總有人問我，該如何愛自己呢？

 # 你有冇咁問過自己
 # 究竟咩先係愛自己

話說上幾個 post 都一直在說，其實我們都要留意是否為人為得太多、是否因為怕別人不喜歡自己而不斷把自己的界線愈退愈後。但真確的問，那到底如何愛自己呢？

 # 未曾重遇以前
 # 要珍惜愛自己
 # 點解唔唱埋點愛喎

說起這個話題，最簡單的想，當然是善待自己。不過問題中年的我又會問，到底善待自己是什麼呢？是這刻想吃大閘蟹便只吃身不吃爪般吃上十隻八隻？還是去 Wine & Dine 買廿個 token 喝個大醉特醉？還是立馬買兩套日本來回機票與 Omakase 有約？（喂，HK Express 好似兩套有優惠）做我喜愛事我怎麼會慢怎麼會難，當然沒有錯，但如同投資一樣，我們也許要想清楚，到底我們的目的是什麼。

 # 最近睇阿豬投資 channel
 # 首先要搞清你係短炒定長線投資

要知道阿樂，其實是一種情緒。如同驚、傷心、街市的魚腥臭味一樣，你不會長期維持在同一個水平中。時間長了，除非你不斷有新的刺激，否則你的情緒強度便會減低。你第一刻入海洋公園的鬼屋會驚、看那個爆肌 oppa 脫衣 show 會興奮，但當你天天都是這樣，你的情緒上落還是會愈來愈少。

 # 追求快樂其實是短炒

先旨聲明，短炒是 OK 的，不少人還是會當下賺到眉開眼笑。但重點是……

1. 你知不知道自己其實是短炒，清不清楚投資風險高？
2. 你是否全副或是半副身家瞓身下去短炒呢？

當你把短暫的快樂，變成你最大的追求，你只會愈追愈多，卻又愈追愈空虛。

 # 所有上癮的行為都係咁
 # 短炒係短暫嘅嘛
 # 變咗縱慾

那真正能令你提早財務自由，製造到被動收入的長線投資到底是什麼呢？那就是提高你的 Well-being。要知道心理學上 Well-being 同 Happiness 有好大的分別，因為 Well-being 才是長遠地代表身心靈健康。

 # 咁長線投資應該買咩

你可能沒有發覺，答案一早就給了我們。原來學校雖然沒有教過我們情緒科，但我們的中學生涯設計，正正就是長線投資嘅指南針。回想我們的中學年代……

我們都必須要天天在群體中生活、建立社交關係；
我們都必需要在你想也好、不想也好都要學習新的東西；
就算你多不想穿那令人尷尬的體育衫，還是一星期至少有一天有運動堂；
你有沒有天分都好，你要有美術與音樂的文化培養；
你就算多想回家，還是一星期有一天要有課外活動……

 # 明明我就好憎呢啲
 # 好累好唔想好冇動力做嗰

長期投資原來不一定有當下的快樂與興奮。你每個月把10% 的收入放在國債或者定期，是不會有 OMG 的暴升；你不會突然有那些在證券行高興得快要中風的表情，但你會有穩定的回報與不斷增值的財富。

海量的心理研究會告訴你：社交未必時刻容易和舒服，但我們還是需要人際關係；運動會令你喘不過氣，卻對你的腦袋有莫大裨益；文化原來會讓你不知不覺間變得寬容與自在；學習沒有很容易還要耗精力，但最後心靈卻富足。

 # 投資不一定立刻有回報
 # 短炒卻可以輸身家

所以，今天的你，不妨問問自己，你到底投資了多少的時間與心機在短炒、多少在長線？你的風險承受能力與期望回報又有幾高？

 # 愛自己就係好好諗點投資嚩自己度
 # 點解學校無教過情緒科
 # 又無教過投資科
 # 也許我們該追求的不單是短線的舒服
 # 還有長遠的幸福
 # 人到中年真係要好好投資哈哈

Lesson 10

願你們都擁有
不被選擇的智慧

對上一次被選擇的不是你，是什麼時候？

 # 你咪同我講從來都未試過

不論是戀愛的對象不選擇你、工作的機會不選擇你、你的兒子拖大人行街選擇姐姐而不選擇你、東京迪士尼個 FastPass 輪候制度不選擇你，還是容祖兒遮咪到台下畀觀眾大走音地唱《16 號愛人》不選擇你，人生不被選擇的機會何其之多。

 # 就算你不停大叫揀我啦揀我啦
 # 又或者又喊又跪又嚤又篩
 # 最後都係唔揀你

那你又會怎麼想怎麼理解呢？也許最直接彈出腦海卻又最揪心的想法，是「我不夠好」四隻大字？大概我們愈想得到某些東西，我們便愈易在自己的身上找不好。

是我不夠大隻不夠靚仔不夠細心……在對方都沒有說是為什麼的時候，我們很快就把不夠好的標籤如同小妹妹功課簿上的貼紙一般起勢地貼。問題是這次是 A 不夠好、下次是 B 不夠好， 而當一次又不夠好、兩次又不夠好、第 N 次不夠好，我們都會心很累，都會很容易一錘定音歸納為我不好，然後都會想放棄吧？

 # 咪住先
 # 會唔會只係不配不適合呢

有沒有聽過李聖傑首〈最近〉？「你想要的，我卻不能給你我全部；我能給的，卻也不是你想要擁有的。」是何其的精警。一樣米養百樣人，當每個人、每個崗位、每個機會要求都不盡相同，你又怎能斷定不是合不來，而是你不好呢？

 # 天時地利人和

當鄭秀文提名十次先攞到最佳女主角，而張柏芝出道就極速封后；當侵侵在這個世代都可以再做總統，當在美國膠飲管與紙飲管都彈出又彈入；是某一人特別不好嗎？大概不是。因為好與不好，從來都只是對比。但對比的往往只是一兩個其中的條件。

不被選擇，不單是牽涉你個人的因素，還要看對方、看timing、看需要。縱使你有多想把全部的責任攬上身，全歸咎於自己，因為怪自己是最容易的方式也好；現實是與飛機失事的報告一樣，總有萬七樣因素疊加上來，才有一單意外發生。

 # 咁咪即係當自己好好

咁又非也！不把全部的責任背在身上，否定自己作為一個人的價值，又不等於並不看看自己還有什麼可以進步的空間。你已經如 Jeffrey 般高大靚仔還不被選擇麼？那是否可在知識上繼續努力？你已經有美美的 CV 但工作還不選擇你？那是否可以與行內人士多打打交道，拿多一些資訊？你已經準時按電話買 FastPass 還不被選擇，那是否可問問成功的人之竅門？

 # 找到繼續令自己條件進步的方式
 # 同時欣賞你有的

也許人生就是一場在不被選擇的經歷中，不斷領會增加對自己的認知、繼而改進能進步地方的遊戲。學劉德華說，愈難的牌愈要畀心機打，你這一刻的不被選擇，又有誰會說：你一輩子都是這樣呢？

又來人生哲理 101
名額有限
咁梗係有不被選擇的人
最重要係點樣自處
睇番鄭秀文攞獎嗰兩條片啊唔該
就好好審視你的好
也許你又會看到不同的選擇
點解學校無教過情緒科

Lesson 11

戀愛要有安好嘅距離
自己嘅諗法都要

到底我們有多經常完全投入自己的想法？然後愈想覺得自己的想法愈真實，繼而抑鬱焦慮？

 # 諗咗就當係真
 # 你估試當真咩

上了情緒科這麼久，你一定記得我們說過有時要審視自己的想法，去看看到底有沒有證據證明你所想的。不過這一課我想再深入多一步，就是去學會面對自己的想法。你可能會發現，有時和你的伴侶一樣，你跟你的想法是需要有一段安好的距離。

 # 吓咁即係點

你有沒有發現，有時和你的想法黐得太近，是很容易把你所想的當成是事實？特別當這刻的你不是處於一個情緒很好的狀況；又或是當你處於人有三衰六旺的三衰時，往往就會把某些負面想法，變成形容自己的身分，甚至當了它們是事實？

 # 想我都好想好似中咗頭獎
 # 有嘢唔使做老細又吹我唔脹
 # 你都唔會唱完就當事實係咪

遇到工傷，雙腳行得不順暢……「我係個廢人！」
女友怪自己唔成熟要分手……「以後冇人愛我啦！」
工作上犯了點錯，被罵完一頓……「係我冇用！」
你的原生家庭告訴你，你不值得被愛……「我唔會有愛我的人！」

或者我們都先要學懂一樣東西，就是其實……

 # 想法只係想法
 # 時時會轉亦隨時會改

「境隨心轉」你有聽過吧？其實「想也隨心轉」啊！你有發現過你有時夜晚輾轉難眠之時所想的，到第二朝晨早空氣清新開朗，陽光溫暖帶來無限美的時候又不同了嗎？又或是剛被上司罵完崩潰痛哭的那刻所想的，與你被女朋友安撫過後所想的又有所不同嗎？

其實你的想法與 fashion 一樣，總在不停地轉。而有時候跟鮮紅嘴與窄腳褲的潮流一樣，過氣了隔幾年卻又再重來；你覺得自己好或不好的想法，都是隨著不同時間、遇到不同的事就會改變啊。

 # 隔岸觀火

面對如同現在美國股市一般變幻莫測的想法，也許我們都需要學習如同隔岸觀火一般去觀看自己的想法，而不是一有想法便把它當成事實，繼續因此做出沒有效的行動。

至於怎樣觀看自己的想法呢？是真的要學習與練習的。聰明的你應該會發覺，學習觀看自己的情緒與思想，就是「接納與承諾治療」Acceptance and Commitment Therapy（ACT）的精髓。

ACT 已經有海量研究證明有效，雖然你知我唔鍾意專家式拋書包，但你有興趣可以睇吓最近的文獻……

學吓睇文傳送門

我成日都推介免費治療畀大家
我係咪心理界小斯
就嚟五周年係咪要送免費心理評估畀大家
免費睇你一節哈哈
搶機票外都要搶心理治療
點解學校無教過情緒科

Lesson 12

畀人嫌我唔夠好……
將來有誰估得到？

多謝 Stephy。多謝她完美示範了如何在一片負評中仍然能成長。多謝她完美示範了什麼叫 Grit。

 # 畀人嫌你唔夠好
 # 甚至自己都覺得唔夠好
 # 又如何

人生流流長，又怎會沒有人覺得你不夠好？

 # 除非你自戀到所有聲音都聽唔到

但是，在面對一片覺得你不夠的聲音時，甚至連客觀證據都在說你不夠時，到底如何看待那份感覺呢？早前談論過面對不被選擇，我們需要有智慧去看清有很多天時地利人和的因素，不一定是你不夠好。但有人問，如果人家真的跟你說你不夠好呢？甚至連你自己都心知，我是真的在那個 standard 下面呢？

 # 唱句我未夠好你別投訴
 # 還是索性講句算罷啦我都係廢係冇用

由叱咤的台被叫「鄧走音」多年（到而家都覺得當日如果我係佢都真係尷尬到冇朋友……），到今日演唱會在脆被洗版式拍掌叫好，靠的當然不是天賦，而是 Grit。Grit 是賓州大學（U Penn 啊！好出名㗎！）心理學家 Angela Duckworth 提出，大大隻字說比智商和天賦更重要的成功特質。

Grit 雞精傳送門

簡單來說，就是高呼「我唔要衰畀你同自己睇」的努力與毅力，外加「我想要我想要我想要」達到目標的那團火。不如你試試問問自己，你覺得自己不夠好、總在批評自己的地方是什麼？而你想達到的目標又是什麼？

是我覺得自己不夠靚不夠瘦不夠大隻，所以找不到伴侶？
是我覺得自己沒人家轉數快，所以工作做得比人少？
是我覺得自己不及人細心體貼，所以不被選擇？
也許我們都要為自己重複二百次一個道理……

今日的你不等於將來的你。
今日你不夠好，不等於將來你都不好。

要知道時間是有翻倍的魔力。你放在強積金戶口的錢，時間是會將它翻倍；你每天為自己的臉按摩通淋巴，時間是會使你 V 臉；你每天如周嘉洛做一百下掌上壓，也是會有雞扒胸；你每天嘗試為別人做一個貼心小舉動，長遠下來也會被訓練成細心。

原來在你覺得自己不夠好的時候，是要告訴自己……

 # 今日衰咗唔代表永遠
 # 要有輸得漂亮嘅勇氣
 # 同你鬥長命

近廿年嘅心理研究都會告訴你，腦是可以改變的；習慣是可以改變的；你也是可以改變的。所以就算這一刻你不夠好，保持一份打爛門牙和血吞的 Grit，你也可以變成你想要的你啊。

Stephy 演唱會看得我感動連連
首首都識我係咪好青春
不過出咗道廿二年 already
真係他不准我哭
你個 Grit 喺邊度
留言分享嚟聽吓
點解學校無教過情緒科

Lesson 13

假使我們能回應別人情緒 # 大家嘅傷會好得早一點？

我常常被問及，如果真的要在學校教情緒科，到底我會首先教什麼？

 # 真係好多人問
 # 包括老師社工
 # 摸著石頭過河

我一直在想，當然是由認識自己的情緒開始吧？在成長的過程中，大概你與我都經歷過不同刻骨的事情。縱使成長以後看回過去，有些事情現在看來其實微不足道，但那年那月的確令我們的情緒如同來回地獄又折返人間。

年少的我們，感覺多如山洪暴發，在那一波又一波的情緒洪流中，要學習理解分析自己的感受，其實真的不容易。更何況學校都沒有教……哈哈。人大了才知道，還是有一些方式去分析自己的感覺。而原來影響我們感覺的不單是事情，更是我們對事情的看法。如果從小我們就開始訓練大家用心去看看自己的想法與感受，大概作為心理學家的我的工作量會少一點吧？

 # 又係想做少啲嘢
 # 我淨係想去旅行

但除了認識自己的感覺之外，另一個我寄望大家都慢慢學到，而對我們社會又何其重要的，是如何支援旁人的感覺、嘗試理解別人的感受。我的成長中都有一段不容易的時間，而當時的我總在想……

「唉，如果有人真係明白我，十卜我就好啦……」

然後人大了發現，很多時候不是別人不想關心自己，而是根本不懂得如何回應自己的情緒。明明我們是多愛我們的家人、朋友、伴侶、同學，偏偏在他很難受的那刻，卻如同開口夾著脷一般，說了令對方更難受的話。如果在學校我們總是要計算那些在袋中抽中白色波機率的情境題，那這些在生活中出現多一千倍的回應情緒情境，更是需要好好練習吧？

 # 到底除咗買六合彩
 # 仲有幾多機會抽好多個波波

因此，作為一個開端，與出版社傾了好幾次，決定出一個小小的 card game。不論是在學校老師指引人玩又好、是家長在家與子女玩又好、是社工拿來傾那些不想被標籤的事情也好，大概也是開始的一步吧？

希望這套回應情緒小遊戲，能成為一套引子，在我們漫長人生的學習階段，就已經開始學習了解自己情緒和回應別人感受的重要性；亦成為一顆種子，在未知的未來中，繼續發芽，提醒你要好好照顧自己與別人的感覺。

最後，再一次，多謝亮光文化 @enlightenfish。要遇到一間如此有心的出版社是要多幸運；

更重要的是，多謝看到這裡的你。讓我知道還是有很多人覺得情緒教育很重要。

 # 本來想叫 EMODEAL
 # Dealwith 你情緒
 # 不過畀人 ban 咗
 # EMOCARD
 # 點解學校無教過情緒科

PSY4003
時代應對課

時代應對課

課程簡介

你大概也聽過人說，在這個時代生活……「真係好難喎」。

 # 難道我還未夠難
 # 真係我嘅飲歌

難在世界轉變得何其的快。從 1980 到 1990（係我阿媽講我聽 only，我係 BB 嚟㗎咋），可能你會發覺生活上的改變不怎麼大。但 2015 到今天 2025，你試想想經歷了多少大的改變？

從疫情令大家發覺可以宅在家中，繼而所有嘢都網購、叫 Deliveroo（幫我哀悼我最愛既外賣平台 PLS……）；從寫文要 Google 慢慢搵資料到今 ChatGPT 一個指令已經源源奉上，世界真的恍如《Avengers》嗰個 Thanos 撻一下手指就已經不同了。

03

 # 心靈又有冇 update 呢

面對不能阻擋，甚至減慢的時代洪流，大概我們都要適應很多轉變。有幸，這些時代的變遷，我們都在一起渡過。這一課，是我與大家一起坐在那時代激流上的橡皮艇時，就著看到、感到的一些，作的一些心靈提示。

 # 完全係日劇中間嗰啲花王廣告
 # この番組は崖柏の提供でお送りします

不論係 MBTI 也好、潮流新 term 也好，希望你都可以如同自衛術一樣，在這段激流中，有一兩招傍身吧！

Chapter 3，激流起航！

Lesson 1

世界唔係得好同唔好
你批判完未啫

你覺不覺得看得太多 social media 會變得很負？

 # 個個都鬧都批評
 # 咩都講得出口㗎喎

話說最近如火如荼地舉行的 Sammi 與 Ian 演唱會，天天都在洗自己 social media 的版。也許我喜歡看演唱會吧？那些 algorithm 派了無限的 post 給我，但我愈睇真的覺得愈恐怖。

 # 特別是 Threads
 # 勁過連登

是香港的文化？是從小我們就被訓練成追求每方面的卓越？是我們都被告知你不是最好就是差？是環境沒有塑造成我們學習去欣賞別人努力的東西？我們總是在每一個範疇每一個細節中都變《America's Got Talent》的 Heidi Klum，總要給予一個 YES 或是大大的 NO。

啲衫好樣衰囉；
你老啦，把聲都唔掂；
走音唔好開演唱會啦；
你係肥唔係大隻喎，都唔 fit 仲 deep U 小背心？
你啲歌好悶喎，唱嚟唱去都係呢啲矚著啦。

 # 其實你有冇試過
 # 坐係度畀人言語圍毆你十分鐘

到底內心是要多強大才能承受如斯海量的批判？慶幸我個 page 沒有很多 haters，但聽很多 KOL 朋友也好、藝人朋友也好，甚至被網上欺凌的朋友也好，其實那份批判太易把人的自我價值如墜輕般直插谷底。

 # 喂我講事實咋喎

咪住先。你的事實是什麼？或者我們先要明白什麼是客觀事實、什麼是主觀意見？明明細個英文堂有學 fact 定

opinion！到底別人的衫美不美、歌好不好聽、身形好不好，都是你自己的主觀感覺，而主觀感覺從來都因人而異。為什麼局長會喜歡 Ian，而你喜歡的是古卓文？就是因為人其實是多元啊，就是鹹魚青菜各有所愛。

但 social media 卻很恐怖地令你以為你的主觀就是世界所有人的想法。

 # 我真係唔鍾意啊
 # 我唔鍾意都唔講得咩

你唔鍾意真的不是問題，每個人都有自己的主觀感受，我們都該認同與尊重。但當每次你的不喜歡都與批判掛鈎，你不喜歡就是不好，甚至去到那個人就是差，就是不該⋯⋯

 # 你做咩啫
 # 你有冇諗人感覺啫
 # 衰啲講句他朝君體可能也相同
 # 你又會點

從前教書的時候，會叫學生管好你的口；現在大概要講，要一併管好你的手。不是因為網上言論就不需要理別人的感受。不要以為如同子宮頸癌般不關你的事，當你在問，社會為什麼愈來愈不快，為什麼愈來愈焦慮，當然沒有單一的原因足以解釋，但當每個人都沉淪在自己的角度，非我族類就是不好、不完美就是垃圾，不值得存在、就應該被批評得體無完膚，試問精神可以點健康？

 # 包容唔係得個噏字
 # 真係來自見到對方都係個人

容貌焦慮、社交焦慮、完美主義，大多都是這些什麼都批判的狀況下之產物。當你在羡慕外國的生活氛圍、說句「呢度啲人好 nice」，怎麼回到家就變成食安中心的品質管理員？除了拋下一句你好你差以外，我們都可以多看一點別人的經歷、別人的過程、別人的心思；也許你的主觀意見又會有所改變。

如同我之前的 post 說要體諒自己是個人，但願我們也能推己及人，體諒對方也都是個人；當你下一次想開 post 講對方有幾差之前，你又會不會顧及對方的感受，以及作為一個人的限制呢？

 # 突然有感
 # 如果大家都少啲批判
 # 就自然少啲阿焦啦
 # 其實呢個係咪已經係下集
 # 有冇人有飛
 # 我兩個演唱會都想睇
 # 點解學校無教過情緒科

Lesson 2

個個都話社恐
其實你係咪真係社恐啫？

潮流興講社恐，到底你是否真的社恐？

 # 聽人講得多
 # 個個都話係
 # 不過通常都唔係

不知道是我做這一行所以會特別留意，還是真的好像愈來愈多人說自己是社恐一族，甚至我覺得「社恐」如同「世一」般變成了潮語，在你的 IG、Facebook（係咪得番我呢啲老人家先用⋯⋯）總要加一兩句才表達到自己。

 # 咁其實咩係社恐

當然大家對社恐的定義不一定一樣，有些人只是單純地想表達自己某一刻不太想見人，想潛一潛水；又或是恐懼的不是社交，而是社會，覺得社會很殘酷所以很怕人。但由於有種精神問題叫「社交焦慮」（嗱，精神問題唔一定係精神分裂有幻覺先叫精神問題，唔好咁老土 OK ？當然你可以把焦慮當是情緒問題，但其實心理上都真的是一種精神問題啊），所以我還是想好好為大家解構一下，到底你是不是真・社焦。

 # 社焦好似 cute 啲
 # 社焦無罪處理有理

大家如果真的去 Google 的話，其實不難發現社焦的徵狀（愈講出口愈似同小朋友玩緊槍戰，砰砰、焦焦、社焦！！）

 # 原諒我自 high

簡單來說就是在不同的社交場合，你都會覺得緊張，甚至緊張到有一系列的身體反應，好像心快要跳出來、紅都面晒、汗都出晒、吸都呼晒；然後重點還是覺得別人會覺得你差、覺得你醜、覺得你不好。而再正常不過地，驚，我們自然就會避。於是我們諗爆頭地想出各式各樣的藉口避開那些社交場合。我頭痛、我老細提前咗 project 的死線、我姨媽來探我、我好攰好忙好懶好冇心情。

 # 怕人哋唔鍾意自己
 # 怕人覺得自己怪自己蠢自己冇用

好多時，在見 client 與看研究都會發現，大部分真社焦的人，其實都是怕在社交場合中被別人看到自己的弱點，因而不喜歡自己，對自己有不好的評價。於是用更多以為會令自己安全一點的行為，去掩蓋那些弱點，怎料卻反而令自己的社交更差。

怕別人覺得自己講嘢悶，一早諗定晒有咩爛 gag 可以講；
怕別人覺得自己蠢，儘量在一班人中不說話不成為焦點；
怕別人覺得自己嘅緊張好怪，終是努力唔手震唔緊張著多兩件衫唔好畀人知你已經濕晒；
怕別人覺得自己反應慢，努力 keep 住唔 dead air……

 # 聽到都覺得攰
 # 衰在愈做長遠地就愈驚

須知道其實社焦是最多人有的焦慮之一，十個人有一個會有這些徵狀，而又影響深遠。因為研究發現大多數人都是由青少年期間開始這些焦慮的徵狀，不處理的話，一直到四、五十歲都會持續下去，你伸可以想想……

因為驚，錯失了多少個可以結識的好友；
因為驚，錯失了多少個可以發展的工作機會；
因為驚，錯失了多少段美好良緣⋯⋯

 # 為何世間良緣每多波折
 # 有冇人識呢首歌

所以，如果你都認為，你是有真・社焦的話，不妨在新的一年好好為自己應對一下。

 # 希望你哋都拜拜焦焦
 # 下次不如又講下其他焦
 # 你哋有冇咩想聽
 # 點解學校無教過情緒科

Lesson 3

忟憎燥底嘅你
係咪孭緊好多壓力呢？

你做咩成日都咁忟憎啫？個世界得罪咗你咩？

 # 會唔會係你嘅寫照
 # 定你成日都聽到身邊人講

上回講到，很多人誤會了社恐為單純的怕人，而其實真．社焦是有它的獨特性及可以治療的。而另一個常被人誤會的東西叫忟憎與燥底……

 # 你成日發脾氣
 # 一定係有狂躁症

雖然我一直都說，我不太想只是很學術專業般講不同精神病啊、症狀啊，畢竟專業式穿著西裝講病徵的行家大有人在。但我發現原來有些事情不講，又會聽到很多誤解。

正所謂唔怕生壞命，最怕改壞名。或者是它的中文名字容易引人用錯的方式理解，以為狂躁就是瘋狂地燥底，無間斷式姨媽來探你般發脾氣。但實際上，沒有狂躁，只有一樣叫躁狂抑鬱症，aka 躁鬱症，又 aka Bipolar Disorder。

 # 呢個時候通常係話畀你聽好普遍
 # 一百個人有一到五個
 # 資訊係由崖柏帶畀你

其實燥底與躁鬱是差兩碼子的事。躁鬱是腦的問題，令人如同一台車沒了逼力一樣（原來 bik1 lik6 係咁寫 LOL），情緒會高漲如小鳳姐般熱烈地彈琴熱烈地唱，外加沒了頂的自信心，和一系列沒了控制力的衝動行為，可以是失控地買東西、失控地搞嘢、失控地去旅行（我獨有嘅特徵）。躁期最主要的感覺其實是鄭秀文〈信者得愛〉的……

 # SoHighHighHigh
 # 原始嘅慾望沒了控制
 # 會不理性地做晒所有想做的事
 # 而不理後果
 # 咁似青春期嘅喂

可能你會問，如果不是躁狂症，那怎麼身邊有些人總是既忟憎又燥底？

熟悉心理的，一定會答你當然有很多不同的可能性。感覺一樣，但原因真的多如 CASETiFY 的 iPhone 殼一樣。不過總有一些 CASETiFY 的款式特別多人用，而忟憎燥底的背後，常見的大概會是……

 # 壓力與不快

壓力與忟憎大概不難理解。壓力，其實都代表我們在作戰 mode。你問戰場上的士兵餓不餓、你問忙到甩轆的上司份文件 font size 幾多、你問在趕明天 deadline 的伴侶去不去看戲，也許換來的都是……

 # 你好煩啊唔好搞我得唔得

其實當我們皮質醇如同定期息口般高企時，對任何的刺激都何其敏感。這大概也是進化上保護自己的莫大功能，讓我們隨時都能快速反應，所以忟憎都是有生理的根據。

 # 嗱有解釋又唔等於無的放矢唔控制
 # 都可以調節嘅

而除了壓力，有時候說不出口的不快樂，也會由燥底中表現出來。須知道，嬲有時候是因為我們失去了我們想要的東西所產生的不快……

點解我父母要我咁辛苦，貢獻咁多畀屋企，你哋就可以日日 shopping 行海港城？

點解我做到就死，但同事可以蹺蹺腳準時收工？

點解我十萬個不情願返工，你哋喺地鐵仲可以滋滋悠悠慢慢行阻住晒？

點解我咩都要嗱嗱臨趕時間，你茶記出餐可以咁慢？

 # 你哋憑咩？

 # 個世界憑咩？

 # 要對住個海大叫啊！！！

我寫這一課，不是要為忟憎與燥底的人開脫。作為身邊的伴侶朋友情人同事，那些脾氣當然不好受。但也許不論你是燥底的那個，還是被燥底的那個，認識自己與對方的情緒與感覺，都會令我們多一份體諒，繼而多一份關懷。

你咁忟，其實一定都唔好受，你 OK 嗎？

 # 或者份關心會為自己開到一道不同的門

 # 香港人其實都真係好大壓力

 # 所以普遍急普遍燥底

 # 但其實我們都很需要感覺被關心與體諒

 # 大家一齊飛轉日本唞一唞好冇

 # 點解學校無教過情緒科

Lesson 4

我的情緒價值
你今日畀咗未啊？

這期潮流興講情緒價值，但到底你又有沒有想過那是什麼？甚至其實那是我們心理健康必須的東東？

潮流 term 認真解

上回講到，不被選擇的智慧，是不把事情全部攬上身，了解還是有很多因素令你不被選擇的。但當你不被選擇時，又有多少人能明白你的感受？又有誰，在你失意之時，肯定你的感覺，而不是跟你說：「大把人都係咁啦！」

 # 喂有我就真係恭喜你啊
 # 你咪搵到畀情緒價值你嘅人囉

也許我們首先要知道，當情緒都要講 value，不是最先由心理學家提出吧。

 # 心理學家講心唔講金㗎嘛
 # 雖然都收好貴囉哈哈

情緒價值本來就是行銷與 Marketing 的學者們，在研究如何令你買那枝 Penhaligon's 二千多大洋的香水，和那個要配貨的橙色包包所提出的論調。就是除了那件貨品的價值，如何令對方感覺良好而鍾情於你的品牌。

 # 可能係讚到你天上有地下無
 # 不過呢啲就低手旺中式 sell 嘢

容許我崖柏式的解讀，真正令你情感上舒暢的情緒價值，其實就是一種情感上的肯定與認同。

 # 咁熟口熟面嘅
 # 咪我哋一路都講由細到大都需要嘅嘢

不是每一個人都喜歡被人讚到飛天，因為我們不是傻的，穿完那條褲整條米芝蓮車胎出來是騙不了自己；但每一個人都需要被明白，被照顧那份情緒。

努力煮了一餐情人節晚餐，能被認同那份努力與背後為對方的心；

準備了良久的 project 中不了標，能被明白背後的失望；

離不開某一個不太好的情人，能被理解當中涉及除了理性以外許多的情感與回憶；

躲在家中什麼都不想做，能被肯定也是有某些說不出口的原因與疲憊。

 # 點解有時見心理學家見輔導好舒暢

 # 因為佢哋會同你去明白那些好難被明白的

而其實說到底，有人做自己的後援，在你高興時為你熱烈地彈琴熱烈地唱；在你低谷跟你來回地獄又折返人間；在你需要肯定時，嘗試明白你的感受，不就是我們每個人都需要的東西嗎？

 # 或者你會話你冇

 # 咁唔係你唔需要

 # 係你未搵到啫

我總相信，就算你的原生家庭給不了你這一份情緒價值，也切忌把這一個不幸延續下去，去拒絕尋找與相信，世上還是有很多能給予你這一份情緒價值的人。至少有這一個 page 的四萬人中，我總能見到一個又一個善解人意的寶寶啊。

潮流 term 認真解
我們都需要情緒價值
其實被肯定是無價的
好似我都好明白星期一你好唔想做嘢
所以今日出 post
人生燃料
你今日明咗我未啊
點解學校無教過情緒科

Lesson 5

就算人不在了
有些聯繫是不會斷啊

當一個又一個熟悉的名字都離開了，在 O 嘴不相信傷心難過以外，都會慨嘆、夾雜著一份不捨得，然後覺得……

 # 冇啦
 # 完了吧
 # 如無意外

真的不知道是因為「九運」（唔好問我係咩，我都係聽七師傅講㗎咋），還是真的時也命也，最近不是接二連三撞機、反機，就是很熟悉的名人病逝。如果你都是跟我差不多的年紀，應該會感同身受吧？

大 S、方大同是何其熟悉的名字，大概都在我們成長的軌跡中談論過、聽過、睇過。但當你發現他們其實年紀真的沒有比我們大很多，會慨嘆原來人的離開真是可以很隨時。

 # 你以為我又講活在當下呢
 # 雖然真但我又唔想咁老土

我反而想說，當身邊人離開，我們總會很容易地墮入了一種「冇啦以後都冇啦」的感覺。如同無數動畫與電影一般，人走了就變成淘寶閃粉一樣的星塵，然後隨風而去消失於塵世。

 # 好淒美
 # 但實情又係咪咁

或者我們都需要學習：人走了，或者是要我們用另一個方式與那個人相處。肉體不在了，但那份連繫還在啊！就是用了另一種狀態來維繫而已。往往喪親的 client 中，都會很害怕那種從此再沒有聯繫的感覺，但我常說，其實……

 # 他早已活在你的心中

你會繼續聽方大同的音樂，然後被他的才華觸動；
你會翻看大 S 的《保持通話》，然後覺得她真的好美；

你會記得已逝的爺爺嫲嫲對你的叮嚀，然後記得天氣轉涼要穿衣服；

你會在你失意時記起那時好友的擁抱，然後重新回憶感受那份溫暖。

 # 珍惜的呼吸也許休止

 # 活著已是最好的心意

要緩減失去的痛，除了時間，就是要讓自己好好感受這一份仍然猶在的連繫，明白縱使萬般不捨得，也要把你們的關係昇華至另一個層次。不論你有沒有任何的宗教，不論你相信對方是到了天堂、變了神仙，還是你相信對方已經喝了孟婆湯過了奈何橋，這一份愛一定還在你的心裡。

然後，在你需要對方的時間，就用最適合你們的方式去reconnect。不論是去聽他的歌、看她的電影、重看你們的相片、去祈禱，或是閉上眼去回憶對方會跟你說的話，就是去感覺對方給你的愛。

最後，當然我們還是要珍惜現在仍然在身邊的。Love you all。

學習面對失去重要的人
酩酊天使好 match
還記住你說應該笑
活在你路過的小都市
點解學校無教過情緒科

Lesson 6

咩都係用兩倍速？
有啲嘢係唔急得嚟

你是否習慣睇 YouTube 睇劇都兩倍速或是倍半速來看？

 # 速食朋友揮手區
 # 但你其他事情又是否這樣

在這個速食文化盛行的年頭，我們都習慣用最短的時間來完成事情。特別當 AI 如火如荼，不論是看節目、叫外賣，還是 plan 旅行，都充斥著海量的 APP 來簡化一切。的確，快而準不囉嗦，簡直就是香港人的至愛與寫照。但是當這股快過黑旋風殺甲由的潮流席捲生活的每一範疇時，你又會否有時覺得時間多了，失落情緒反而好像又多了，趣味有時卻變少了？

 # 因為有時唔係淨係結果
 # 仲有個過程

大概我們的城市不太重視工藝與美術吧？問問你自己，上一次你用心投入去完成一件事情是多久以前？還記得以前美術科教的是如何畫得好，音樂科教你如何彈琴到 8 級，但其實很多人都沒有學過，藝術除了成果也是過程，講求你到底是否享受當中一筆一劃、音階的一高一低。而樂趣與快感有時亦是由當中的練習與進步而來。

 # 即係彈到 E 先生個過場音樂係令人好興奮

當 Auto-Tune 可以令五音不全變歌皇歌后，當 ChatGPT 可以將所有圖都變宮崎駿風，藝術真的也不只是結果而已。也許美術堂音樂堂沒有教的是，陶冶性情這四個大字。當你能細味每一刻，你才會更感激自己或是別人付出的。

當你細味別人好好煮的一餐飯，你會更感激對方的付出；
當你細看別人的電影，你也許更能體會對方的心思；
當你細聽家謙的歌，你或者會更欣賞背後不同樂器的共震。

 # 咁咩都慢慢做咩

當然不是。但也要靜下來為自己去想，要有空間去為自己選擇。沒有養分的東西，當然可以 FF 過，但要為自己每天，或是每星期找些東西要為自己慢下來細味。可以是一餐飯、可以是一次西九的日落漫步、可以是一套電影。我們還是要慢下來細味生活生命所給予的，而研究亦會告訴你，這種細味與感恩，會為你帶來多一些幸福感啊。

 # 生活還是很值得過
 # 細味的生活總會有一份甜
 # 有啲嘢係唔可以兩倍速睇㗎
 # 唔使錢㗎
 # 還有事情可慶祝
 # 和時日拚命
 # 疲勞還是有節目餘興
 # 點解學校無教過情緒科

Lesson 7

睇脆真係有危險
要心靈家長指引

潮流興睇「脆」（Threads），但你有又否想過，睇得多有機會使你心靈受創？

 # 同去完廁所唔洗手一樣
 # 暗藏凶險

話說每年叱咤頒獎禮都總會引發一些討論，而今年當然都不例外。但不知你有沒有發現，不論你喜愛的是姜濤還是Ian，或是你討厭的是某新人某 DJ，甚至你對他們全都無感，當連續幾天都沉浸式體驗最尖酸刻薄的評論，某某人表演不佳、某某人不公平、心靈又損耗了多少呢？（利申：大家都知我老人家係 Sammi 年代）

 # 旁觀式內耗

我當然希望，你不是當中被抨擊的主角，因為那份海嘯式的輿論是很足夠讓人 depressed 的。但就算你是旁觀的人，一直看著聽著他人被侮辱被奚落，你有想過對自己有什麼影響嗎？也許你會以為跟初戀情人就是你老公所以子宮頸癌不關你事一樣，覺得旁人說什麼看過便算。但問題是脆的特質是會令你如同入了 teamLab 一般，沉沒在那些聲音中。

 # 一睇冇回頭
 # 狂派畀你啊咩事

話說我昨天只是在碌 IG 的時候，無意看了一下大台頒獎禮的片段。你應該不難猜到，我昨天之後收到了多少條頒獎禮的片吧？更延伸到很多條《無頭東宮》片段訪問報導（**# 而你不知道陳妙瑛是誰**）。問題是，就算你本來想看過就算，但當演算法以為你喜歡那個話題，你就會不斷收到那個話題。你以為你不在意別人的冷嘲熱諷，但當你不斷看的都是負面的聲音，你覺得你真的不被影響嗎？

 # 涼薄刻毒
 # 不禁令我倒抽一口涼氣

大家都會知，網上打數隻字何其容易，如何能最啜核能最吸引眼球？當然不同人留下那些留言的目的不盡相同，但不能否定有時最想有 sound bite。匿名的設定自然好像不用多想、不用多負責任。畢竟一個留言，又看不到對方的臉，的確很容易變得最 mean 最 harsh。問題是，作為旁人，你有沒有想過，看書看戲會有 18 禁，會提示你以下內容可能令人情緒不安，但脆是沒有的。

你知道嗎？看文字，對腦的 activation 與親耳聽到的 activation 其實很相似。當你在不斷看脆的刻薄文字，不就如同你一直在聽旁人在鬧人嗎？你又再想想你到底用了多少時間看脆？

 # 唔覺唔覺
 # 全日不斷聽人鬧人

當不斷看最毒最惡的留言，久而久之，人就會變得很負。

 # 虛假的社會標準
 # 永遠都不夠

除了覺得負能量爆標以外，脆文很多時候都有偏頗的社會標準。當你看的是負面留言，你將會不斷深化多看一百個類似的想法。如同國王的新衣一樣，當一個人講你不信，兩個人講你開始猶豫，三個人講你開始相信那是所有人的標準。而我們便開始用這一個標準來看事情。殊不知，那只是一條小村落的想法。

脆 break

所以就算睇脆，都要懂得給予自己一些 break。接觸回你想接觸的真人、真實的情感。就算你真的要看脆，也要為自己加回 18 禁的燈。當你心靈已經響起了 BEE BUU BEE BUU，請你嘗試找一下相反平和的東西去看看。多找尋一些治癒系的貓奴 post 好，旅行平機票 post 也好，提醒自己保護自己的心靈也是新世代必須的啊。

 # 缺氧到似有幻象
 # 怕睇脆有害
 # 卜卜脆 break 是必須的
 # 在科技世代好好保護小心靈
 # 唔係 COLLAR 果個芯騎
 # 點解學校無教過情緒科

Lesson 8

每逢佳節倍思親？
唔想思都可以㗎

當這個時節人人都應該家好月圓的時候，偏偏你卻覺得家是你最矛盾糾結的地方？

人生難題

中秋節快樂啊各位！在這個好像應該倍思親的日子，這個 post 是寫給不太想思的你。如你不屬於這個族群，都歡迎你繼續看下去，然後對你知道家庭不甚和睦的知己好友說句：「You are also my family」。

須知道每逢大時大節，我總有一群 client 是特別抑鬱困擾的。新年如是、冬至如是，中秋當然亦如是。也許大家困擾的地方不盡相同，但都離不開那個「家」字。也許平日可以不聽不理唱句林峯「忘記受過傷害」，然而一到這些時間，當整個社會都瀰漫家的感覺時，又變得「很相信這段感情避不開」很是苦惱。也許我首先想講的是……

 # 你的感覺是可以的

 # 你的感覺不是錯

不論你是對著從不在意你感受，甚至要情緒勒索你去替他做財務擔保的父親；

還是對別人口講多愛你，卻從小天天去打麻雀沒理會你的母親；

或是患病良久，你要勞心勞力照顧，令你透支良久的雙親；

甚至是一直只偏愛妹妹，同一個家卻對你的需要置若罔聞的娘親。

是的，這些都只是這個月見我的人說的真實情節。做我這一行你也許會發現，現實其實比內地劇的劇情更灑狗血。

你的憤怒、悲傷、失望、妒忌、怨恨都是可以的。我們也許都要接受，你的確沒有得到應有的照料、諒解與照顧。畢竟我一直都說，你的父母家人如何只是一場六合彩攪珠，幸運的可以是中頭獎二獎般，你有關心你感覺、隨時為你遮風擋雨有一種愛、從六歲到八十也不更改的家人；但你也可以是買十次六合彩都沒有一個字中過的淪落人。

不過大部分人都係中一兩個字
衰唔晒又好唔晒

「我可以憎佢哋咩？我可以嬲咩？我咪好不孝好衰囉？」

「大時大節都唔接觸唔會好過分咩？佢係我父母嗎？」

會唔會係你問嘅問題

你的感覺很合理，而容許自己有感覺也是天經地義的事。不過，你的做法是去，還是不去吃那餐做節的飯；留，還是不留在這個家中，就要看你的平衡是什麼。如同每間茶記的例湯一樣，每種材料的分量不同，最後味道當然不同。你的難受與不容易，在那刻與孝順這價值對比，哪樣比較重要？對方為你做了多少？長遠來說，你會後悔現在做這個決定嗎？最重要是要知道……

你有得揀
你一直都揀緊

做與不做，去與不去，都是你為自己人生做的選擇。真的不要被「家人」二字綁死你自己，因為到最後，你要負責的、為其埋單的，都只是你自己。

最後，希望在這中秋佳節，你都找到愛你而你又愛他的人，不論是家人、伴侶，或是朋友。因為愛真的不是來自血緣，而是日復日的相處喔。

 # 不應有恨
 # 何事長向別時圓
 # 人有悲歡離合月有陰晴圓缺
 # 此事古難全
 # 但願人長久
 # 我係一路唱王菲一路打
 # 你明唔明我唱緊咩
 # 屋企不是一切
 # 特別是當你的屋企千瘡百孔
 # 中秋快樂
 # 點解學校無教過情緒科

Lesson 9

給自己的聖誕禮物
這天學習向孤單說不

平安夜的這一天，你孤單嗎？

#MerryMerryChristmas
#LonelyLonelyChristmas

就趁這天的空檔，在聖誕前夕跟大家說句 Merry Christmas ！！但這刻才發現，很香港的聖誕歌，這麼多年，能如 Mariah Carey 般立刻想到的，好像還是〈Lonely Christmas〉吧？到底今晚最光最亮燈飾，照亮的會否是你的寂寞？

 # 誰又能善心親一親我

才話說回來，當哈佛研究都話孤獨與早死有莫大關係，當 WHO 上年都把 Loneliness 定為全球健康危機，當孤獨原來如同日吸十五枝煙一般危害健康，（真㗎！！你 Google 吓！）我們是否應該學習如何應對孤單呢？

 # 學校又無教
 # 因為老師可能都好孤單
 # 高危行業

要認識孤單，首先要搞清楚一個最老土的道理：孤單與否其實不在乎你身邊有多少人，這種「物理式孤單」不是重點，重點是「心靈式孤單」，亦即是你到底有多覺得與你重要的人有 connection，最肉麻的說，就算我見不到你，我還是在心中感覺到你陪伴我。大概我們都聽過很多在人群中還是感到十分孤寂的故事吧？

 # 係心靈感覺
 # 唔怪得咁多心理研究啦
 # 咁點算

要擺脫心靈式孤單，當然是要踏出去與人聯繫。不過聯繫以前，更重要是……調節你的想法。大部分打擊孤單的研究，都如同打擊吸煙的研究一般，都從心靈的建設開始去搵陷阱。

 # 孤單的陷阱

第一個要打擊的陷阱叫「大家都唔鍾意我」。如同其他抑鬱的研究發現，孤獨的人總是較容易在過往芸芸的記憶與經歷中，特別留意那些被拒絕的經歷，然後令自己蓋上了那個不受人歡迎的豬仔。如是者，接下來的應對，就如《咒怨》一般不斷延續下去。怎樣應對？當然就是避開與人相處，又或是見到他人都儘量退避，個心唸著……

你睇我唔到你睇我唔到

而就算真的去到能與人交往的社交場合，都如同美國導彈防禦系統般長 on alert mode，金睛火眼地留意有沒有危險訊號：對方不出聲是否不喜歡我？對方已讀不回是否嫌棄我？我還是回去我的安全被竇中煲 Netflix、打機吧？

真係有人會喜歡與你相處呢

最老土的說「冤豬頭都有聞鼻菩薩」，總會有跟你志趣相投的人；當然我們還是可以加強某些社交技巧，就像不要總是西面、總是諸多不滿、有時候顧及旁人的感受與需要等等。為自己打一枝強心針，去相信自己。

強心針的藥

其中一劑藥，可以是為自己想想，到底過往有沒有任何正面的關係？到底當時是哪方面做對了？又問問自己過往的困難是如何渡過？你的故事到底是怎樣？如果你是你電影的主角，請你在 MOVIE6 中寫一段影評，到底主角好的特質是什麼？

也許你會發現，你一直花了太多時間專注在你的不足上。不論你是 20 代、30 代，還是中佬如我，人生中總有你正面交往過的時間與章節。這些東西，都是你心靈建設走出去之前的良藥。要學習應對孤單，其實就是要見到自己的好。

希望這一個聖誕，不論你是一個人過、兩個人過、一家人過，還是一班人醉住過，你都不再感到孤單，因為我們都是 connected 的。

 # 真係孤單就睇番我本書啦
 # 金曲勁播平安夜
 # 心靈良藥
 # 唔好飲咁多啊
 # MerryChristmas
 # 孤單的人孤單的我
 # 點解學校無教過情緒科

Lesson 10

#2023 年末練習
你要 Let Go 的是……

兩年前寫這個 2023 年回顧，但寫這本書的時候，好想把這兩年的練習都放進來。大概年份不同，我們做同一個練習的感懷都已經大大不同。

 # 時光飛逝
 # 我仍然廿五歲
 # 講緊心境

不論看到這刻的你是身處 2025、2026 還是 2037，不如都用五到十分鐘，找個個人的空間，去為自己做個……

 # 心靈整理

不論是什麼年份，大概過了整整一年，也是個好時機去為自己總結一下吧？

今年想與大家做的練習，不是年末感恩，不是感謝自己……（如果你想要做的話，當然無任歡迎，可以睇番 2022 年除夕嘅 post）。

 # 當年各大心靈 page 都有類似的練習
 # 好好感謝自己都是需要的

除夕練習傳送門

不過如果你跟我一樣，覺得 2023 有點吃力有點棘，不論是因為事業、健康、家庭，還是愛情，總有份說不出的不順心，令到你好想如同對那個你不喜歡卻又對你窮追猛打的對象一樣，同 2023 講句：

 # 我唔鍾意你啊
 # 你唔好搞我啦

還是可以的。畢竟我常說感覺是真實的，你還是可以討厭令你不舒服的東西，不用夾硬把陰天硬說成好天。那這一年的年末練習是什麼呢？

 # 令你最辛苦的是什麼

我反而想說，每件令你不快得很的事，其實都在告訴你你到底是什麼人。到底這一年令你不順心的事是什麼？我總跟 client 常說，就算大家都是因為男朋友出軌、被上司折騰，甚至親人過身也好，那份不開心、那份最觸動你的感覺，其實各有不同。

為什麼你覺得那件事那麼重要？是因為失去？是因為與你期望不同而帶來的失望？還是因為證實了你某些穩如泰山的信念？今年你覺得不順意的事，都是一個機會去更加認識你自己。

 # 你可以 LetGo 的是

如果你上面答的，是因為一種失望，那大概我們都可以提醒自己，也許新一年我們最可以嘗試的，是 Let Go 那種覺得事情一定如自己所控制般運行的期望。如同你以為疫情完了，零售商鋪就會客似雲來；你以為 Ali 同江美儀攞完視后就會劇接劇；你以為……

 # 意外意外就係意料之外
 # Do 姐都有教

如同我最喜歡的那句「因上努力、果上隨緣」。也許 2023 的不快是教你努力就夠，餘下的便真的隨緣。2024 亦如斯的提示自己噢。

 # 一種信念

而如果你發現你棘的地方是因為你的信念，也許在 2023 最尾的幾個鐘頭，我們還是可以為自己找一下不同。如果 2023 令你覺得「我都話喋啦，我係 XX」又或是「我都話喋啦，人係 XX」，不論你的 XX 是無用、信唔過、唔值得人愛、唔關心我、賤格、失敗 etc……請你仔細回顧這一年，真的沒有一件事、半刻鐘你不是這樣的感覺？

 # 真係冇？
 # 你諗真啲？
 # 再諗真啲？

也許你會發現，我們都傾向 ignore 那些與自己信念不同的證據。如果你真的找不到的話，那在這最後幾小時，容我做你的證據吧。

世上真的沒有那麼 extreme，你的信念永遠都只是 situational，在某情況在某些人面前，也許那感覺是真的很真實，但世界真的不止是這些人、這個環境。境隨心轉，不同的環境不同的人，你的信念也都會不同啊。

好啦，2024，希望大家都能真情監製一樣，隨遇而安，繼續因上努力。See you next year!

Lesson 11

2024 做過的事
能令你無悔驕傲嗎？

又來到年度最後一天，當然按習俗為大家來寫個小練習，好好總結你的 2024 吧？

#2024 你的心情回顧

不經不覺原來已經陪同大家一起過第四個除夕。有睇開的朋友都應該知道，我總覺得回顧比 New Year's resolution 重要，因為那麼辛苦過了一年，總該好好細味吧？每年的年末練習，與大家一齊去想想的題目都不盡相同，當然歡迎大家再次重做，又或是全做（你咪係攞 A 高材生？）……傳送門如下：

2021：多謝的人和事
2022：跨過的障礙與回憶
2023：年度 Let Go 的事

但今年的命題，好想回到自己。

不知道你們的感覺會否與我，今年好像是 21、22、23 年發生了很多令人情緒如同富士急最新那台過山車的事以後，開始可以平靜一點照顧自己的一年。在大家瘋狂去日本食今半壽喜燒與豪使日圓之時，也許這一天可以停一停為自己的心靈又照吓鏡……

 # 你還好嗎？

這一年的你，還好嗎？感覺怎麼樣呢？有比往年滿足開心嗎？不過作為一個心理學家，我當然為了不想你報喜不報憂，畢竟所有感覺都是你的朋友，那容許我把問題收窄一點，開始我們的年末練習……

 # 你最欣賞自己的一件事

這一年，經歷了那麼多，你最為自己拍手掌的成就是什麼呢？是終於畀了錢搵了 personal trainer 然後瘦了幾磅？是完成了你人生的一個大 project ？是終於去了一次你講了很多年的旅行？還是捱過了某一場人生的硬仗？

如果你的答案是：「我冇喎！」那我懇請你再想一想，三百六十五天，總會有你付出過努力過的事情，就算整整一年也沒有你預期的結果，但……「咪住先！！」付出的努力還是多麼值得為你頒一個新城勁爆大獎啊。除夕的這一刻，請你放低你的嚴苛、放低你的與人比較，交給我保管。單純地再答一次……你欣賞自己的一件事係？

 # 你跌得最痛的一下

如同我說不要報喜不報憂，這一年，我們總有傷心痛哭眼淚流的時候吧？是春天分手告訴自己秋天會習慣？是被出賣被辭退被傷害？還是剛買樓一兩年便發現已變了負資產？不過我想大家問自己的是…… **# 你心靈的這道傷口好番未？**

你是把這件事的感覺如同韓國吃播主一般硬吞？是把這件事如同阿婆的現金收在床下底深深處？還是已經為自己好好消化療傷？如果你仍是前者，就在這除夕天，好好把這些感覺分享給能支援你心情的人。如果你說不出口，不如就寫下來吧。世上總是會有在意你感覺、關心你感受的人；如果你還是覺得沒有，就 inbox 我，我會在 story 和大家一起圍爐消化你這一年的不快啊。

 # 給自己的年度攬攬

最後，我想跟你說……「喂啊！辛苦你啦今年！お疲れ様でした!」

不論你今年的心情是如同美股如 Tesla 創歷史高位，還是如同銅鑼灣的吉舖租金很是低迷，你都值得給自己一個大大的愛的「包包」（抱抱）。你跟你又走過了三百六十五天了，就好好照顧自己一下，不論是你的手手腳腳、你的胃，還是你的心，就在除夕這一天為自己按摩一下，寵愛一下吧！

新年快樂！下年見！

 # 突然又已咁多年
 # 我都寫咗咁多年
 # 你係咪睇晒四本書
 # 好叻啊你
 # 多謝你啊
 # 回顧是需要的
 # 點解學校無教過情緒科

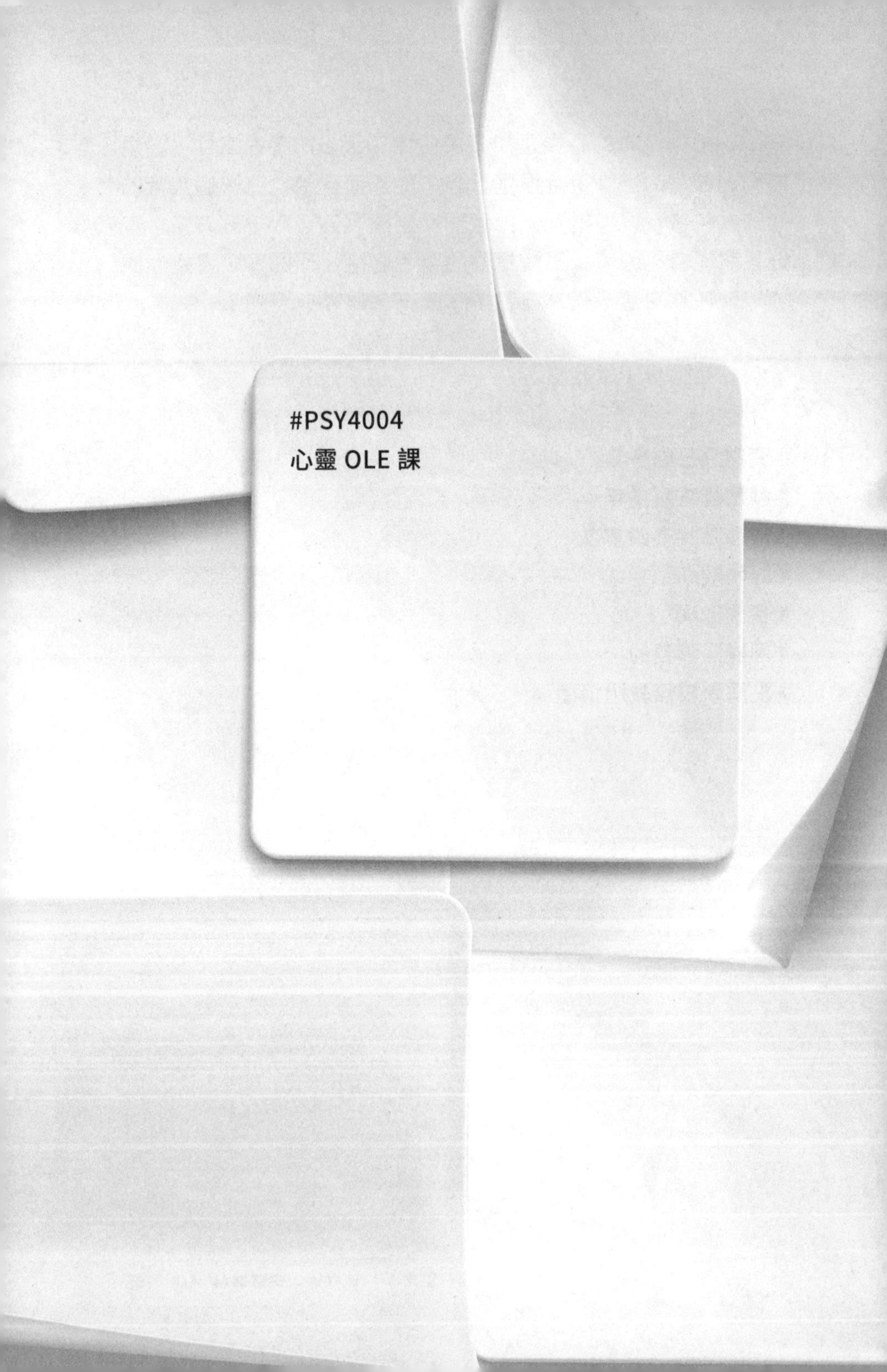
#PSY4004
心靈 OLE 課

心靈 OLE 課

課程簡介

這一課，絕對是我的自肥私心課。

 # 我係 fit 嘅
 # 心靈自肥啫

如果你有 follow 我的 social media，你應該會知道小弟是何其熱愛看電影與電視。

 # 開心煲劇
 # 唔開心又煲劇

當 Netflix 是我其中一個最好的朋友，我當然最想每次看完電視、電影後，把那些澎湃感懷寫下來與你們分享。如果現在中學生總是要用「其他學習經歷」（Other Learning Experiences）來做實驗學習，那麼我的心靈學習實踐課，當然是用電影電視劇來說吧。

04

 # 那些角色教會我的事

這十數篇文章，把令我有共鳴的角色人物一一記下，感謝有不同的編劇，把那些心理狀態有血有肉地呈現出來。不論是對人生意義迷惘的人妻、是面對喪子的抑鬱母親，還是在你我腦中的阿愁阿焦，希望你都會如同我一樣被啟發。

 # 如果你都有共鳴
 # 唔使發短訊去 508618
 # 可以直接捐錢去電影基金 LOL

如果你還沒有看過這些作品的話，就快些在這個 weekend 去找來看吧！

Chapter 4, All we know, it is the time to enjoy the show!

Lesson 1

多謝你為我付出啊
但唔等於我要回報你㗎

看似自私，但太多時候我們都因為內疚、因為感激，而覺得可以放棄自己的界線，來回報對方。Give in 以後，到最終，卻鬱鬱寡歡帶著後悔進棺材。

 # 做唔到自己其實係好辛苦
 # 又會問做人為乜
 # 真係受太大的禮會內疚卻也無力歸還

睇開我 IG story 的都知道，電影、電視劇與日本知多 Whisky 是我無數夜晚的良伴。很多時候，當我看到某些情節、某些人物，真的好想拍你們的大髀大叫……

 # 喂啊咪好似你你你話我聽咁
 # 其實可以唔咁㗎
 # 不如我送我本書畀你

如果我一直以來的文字是一種像書本直接的傳授，那麼電影電視裡有血有肉的角色大概就是 practicum 吧？所以就打算又寫一個新的 practicum 系列，用那些角色的故事講心理……

 # 那些角色教會我的事

之前在 story 收集過大家想講的角色，歡迎大家繼續留言 inbox 話我聽。而打頭陣想寫的，是最近每集看完都感懷滿滿的台劇《不夠善良的我們》。

如果你不知道故事講什麼，那就快些去看吧。大概其中一個令人咬牙切齒的位是，在單親環境下長大的男主角，為了那個含辛茹苦、寡母婆守仔的母親，一次又一次放棄自己的愛情、自己的需要。但當你把自己的需要放到最後去回報、去遷就，到最後卻發現，原來沒了自己的自己，仍會覺得自己做得不夠。

 # 被內疚訓練出來的模式

你阿媽、你朋友、你女友、你 ________（歡迎自行 fill in the blanks）對你咁好，你點可以唔理佢、唔跟佢做、唔聽佢講……

是的，我們從少看《鋼之鍊金術師》時就已經被教導，做人要等價交換。你敬我一尺，我總是要敬回你一丈。其實本來是很合理的概念，如同我之前在人際關係科都講過，關係要平衡，你能五分地待我好，我就能五、六分回應你。不過我們有時可能算漏了一樣東西……

 # 你有冇問我係咪想要咁多先
 # 你為我為到你冇咗自己
 # 我真係要為你冇埋自己

你小時娘親辭工為了照顧你，跟你說你是她的世界，她的意義便是你；

你伴侶為了你的理想，裸辭跟你去移民，她的新世界就是你；

兄弟為了你兩脇插刀，失戀時天天陪你，你真的無言感激。

我猜絕大部分的我們都會感激身邊有這樣愛自己、對自己好的人。但是我們有時真的控制不了對方到底有沒有自己的界線。你給了我十分的愛，但我真的不是你，我還有家人、伴侶、朋友、事業、興趣……什麼時候排位是怎樣，只有我們自己才知道。

 # 你可以有自己的選擇
 # 你可以知你阿媽對你好但仍然有你的選擇
 # 你的界線是你的

就算對方會不開心，對方會講「我對你咁好點解你咁對我」，我們也要有勇氣為了自己去讓對方知道：我知你對我好，但這個決定對我很重要啊。

希望你與男主角都一樣，能最終為自己找回那條健康的界線。

 # 那些角色教會我的事
 # 實不相瞞
 # 我都是這樣走過來
 # 是要用時間同勇氣去改變的
 # 希望你哋都做到
 # 點解學校無教過情緒科

Lesson 2

我愛佢就得啦
唔計較最後都會計

「我愛對方就冇所謂唔計較啦。我唔介意。」

會不會是你心目中的那句？

大概每段關係，不論是朋友、愛人、家人，我們都總會有忍讓、包容、遷就的時間。正所謂《聖經》都有講，愛是恆久忍耐。不過，怎麼有時候，當一直把自己的需要放到車尾箱時，到最後絕大部分時候都沒有什麼好結果，輕則令自己鬱鬱寡歡，重則覺得自己人生又來沒有什麼意義？

 # 喂係啊
 # 今日其實想講簡慶芬
 # 不過又其實我哋身邊總有幾個簡慶芬
 # 你唔知我講咩嘅可以睇番上個 post 提嘅台劇

有時不斷為其他人付出，是被世上最恐怖的馴獸師訓練出來的，而它的名字叫「內疚」。可能你是久病床前要天天照顧雙親的孝子，可能你是那個發現兒女有先天病的父母，又可能你是要替家人孭起幾十萬債務的那個人。當內先生不停在你的良心鞭打下去之時，我們縱有百個不情願，也繼續言聽計從。

不過，另一種更常見的為人不為己，是因為一個迷思。

 # 愛就可以無條件付出
 # 4ever

聽，其實是何其好聽的話，甚至開頭為對方而不理自己之時，還會有一股心仔噗噗跳的緊張與衝勁。你作為緊急聯絡人九秒九管不得未熄的火爐飛奔你病床是何其淒美與浪漫。

但我作為《蘋果》結業後的現實照妖鏡，會告訴你其實好多時都 work 不了。因為我們都忘了，就算你有多愛也好，你也是人，你也有你的基本需要。如同你不吃飯會餓、不睡覺會燥底。你還是如同所有人一樣有你的情感需要。

 # 我一開始真係 OK 㗎
 # 咁我想佢喜歡我吖嘛

我剛剛去大阪 USJ 都可以掛住玩全日沒吃東西；我都可以因為要煲晒那套台劇而凌晨先瞓（最近啲台劇真係好高質）。剛開始一晚半晚當然沒問題，第二日還可以開 turbo 般興高采烈與同事們分享劇情。但你試試一整個月都是這樣？你的身體會比台灣的議員抗議得更激烈。

而你的情感需要也一樣。一時的熱愛絕對能令我們可以完全放下自己，在樓下守候對方一晚好、赴湯蹈火為對方完成某些工作亦好，但日復日、月復月，你就會開始問自己……

 # 你係度做咩啫
 # 你為咩啫

特別當這一種付出是單向、對方沒有報以相應的回應。其實總會令我們的心靈如同那極潮濕的房間般，慢慢滋生出如同霉菌般的失落、憎恨、厭惡。嬲自己也好，嬲對方也好，然後我聽得最多的是，當同一個相處方式用了幾年、十幾年，你習慣得就算知要變，感覺也很難變。

 # 又係平衡

不要嫌我長氣，如果在人際關係間要問我最重要的一個點，我一定會說是平衡。不是說你給什麼，對方就一定要給回你什麼，而是大家的情感交流與付出需要相稱，關係才可以健康發展啊。

希望你不要成為年青的簡慶芬，好好為自己守住自己的某些界線，因為愛人也需要愛自己的噢。

 # 那些角色教會我的事
 # 其實我未睇大結局
 # 要預備好個心情
 # 唔准留言劇透
 # 為自己諗多啲啊
 # 我知係唔易㗎
 # 點解學校無教過情緒科

Lesson 3

你講嘅嘢我知
但都要我聽得入耳㗎

我明我知但係我唔受。會不會好多時都是勸人或者被勸諫時的感覺？

 # 你要用我受嘅方式講
 # 我先聽得入耳㗎

某回講到，要別人喜歡與自己相處，是需要學習聆聽的。但有些人自然會說：我已經很努力向對方說我願意聆聽，但對方就是不想講啊！

 # 你做咩唔講啫
 # 我都話會聽咯

我們總好像覺得只要事情或道理合理，對方就會理解，繼而就會改變。如同老師教了你那條數學題，教了你就該識做啊，為什麼你還是不做呢？

 # 因為我們不止係理性動物
 # 如果係
 # 我應該可以收工唔使撈

也許我們都需要留意，除了「內容」，更重要的是「點樣」令對方接受這個內容。

不知道大家有沒有睇 Netflix《夏日咖啡男友》？不論你覺得是有劇本還是「真・真人 Show」，有一段橋段是何其的中 point。簡單來說，就是當中有一個主角因為從小到大的經歷，一直充滿著不安感，外加極不懂得表達自己感受，得出的結果就是；如同我 office 那部陳年 printer，它不知道什麼時候會突然 hang 機，然後你 restart 完再 restart 都跟那台電腦 connect 不了。

 # 雖然佢都唔想
 # 但要同佢相處真係唔易

有人想直接迫他表明他的不快，但與他曖昧中的對象卻懂得退後一步，因為那人知道，那刻的他需要空間消化自己的感覺。

適當的時間與方式

但什麼才是適當呢？如同減肥療程一樣，因人而異。問題是，當你希望對方會接受你的提議，那考你的就是有多了解他了。

有些人最怕別人拖泥帶水，最好直接到 point；
有些人最怕直接被認為做得不好，受軟不受硬；
有些人比起分享自己，更害怕令別人不快；
有些人最怕旁人的注意力在自己身上。

如何就著對方的性情，用他可能接受的方式去表達，那才是最大的學問。當每本教科書都一式一樣，哪位老師能令你最記得畢氏定理的公式，就在於對方如何就著你的特性去使你明白（P.S. 多謝何子俊老師，我仲記得拜仁余慕蓮是分數的例子）。你不會不知道，各大名店只要加上 Haúte Couture 度身訂造數隻大字便立刻升價十倍吧？

人際關係都是情境題

所以根本沒有一條必勝對方會聽與不聽的方法，而是就著每個人需要與情境去包裝你想對方收到的訊息。到底是含蓄還是直接，是比喻還是舉例，是留空間讓對方消化與思考，都是 couture 你訊息的重點啊。

那些角色教會我的事
有咁善解人意嘅男友真好
夏日咖啡男友
如果要你揀一種方式先聽得入耳
你會揀邊種
點解學校無教過情緒科

Lesson 4

生人都要破地獄
面對死亡必修科

你有沒有喪親的經驗？不一定是家人，可能是朋友、情人、長輩，甚至任何你愛你重視的人？你到底是如何過渡那悲慟得很的時間？

如何面對死亡
好似又冇人教過

話說入了場看《破．地獄》，有多久沒有哭得如此厲害？絕對是年度電影，沒有之一。哭，不是因為有特別催淚刻意煽情的橋段，事實上電影真的沒有拖泥帶水故意要你嚎哭，反而節奏明快得很。哭的點在於，有太多太多場景與心理的反應是多麼的真實。

 # 最有共鳴的叫真實
 # 佢講嘅嗰句同嗰句
 # 咪就係我當時諗嘅聽嘅嘢

我們好像真的沒有人教我們面對死亡。當提起死，阿媽還是會立馬截住，說：「冧，唔好講！」當殯儀館還是一個駭人的忌諱，偏偏去到我們這樣的年紀（我不嬲都 assume 你哋同我差唔多年紀㗎），大概都已經面對過，又或是面對緊身邊有人死。但那些感覺、那種失去，該如何面對呢？

 # 你經歷過你才會明
 # 那種被掏空心痛得很的感覺
 # 那種感受永別原來很永遠的感覺
 # 世界突然凝住了的感覺

不過，面對愛的人過身，也許我們都要知道，在這非常時期，什麼感覺都是合理的感覺。有知識如你們，都一定多多少少聽過高柏羅小姐（實際上佢叫 Kübler-Ross，不過同賀錦麗一樣，幫佢譯個中文名都幾好啊）的哀傷五階段。即大部分人可能會經歷：

否認：佢未死嘅，你呃人！冇理由嘅！

憤怒：醫生點解你唔救佢！ 我好嬲佢點解要丟低我？

講數：我最多以後聽晒你講啊……你唔好死啊；我咩錢都可以唔要㗎……

抑鬱：我真係好唔開心，我冇喇，以後都冇喇！

接受：好啦……要走嘅始終要走……

不過，往後的研究與臨床的經驗會告訴你，其實失去愛的人感覺絕不止有這五個，還可以是內疚、自責、空洞、緊張、絕望、掛念、模糊……下刪一百字。而一切的感受不但可以同時出現，更可以跳來跳去，沒有既定的軌跡。

 # 你嘅感覺很合理

所以首要我們需要知道的，是不論我們有什麼感覺，都沒有錯，你的感覺其實都很合理。只是我們也許需要探索，到底你的感覺在告訴你什麼。

你的「痴線」，是否對兒子的愧疚，內疚你當日責怪了他？

你的憤怒，是否因為你構想有對方的未來突然幻滅了？

你的哀慟，是否因為你覺得再沒有這樣關心自己的人？

你的悲憤，是否因為你真的需要一個原因畀自己，失去了重要的人？

 # 接受唔係揿個掣就接受咗
 # 接受亦唔代表要冇感覺

很多 client 都覺得，接受是要再提起都無感覺，才叫接受。甚至如同很多人一樣，覺得過咗去，Let it go，不再想起就是接受。但見過這麼多喪親的人，包括我自己，那份失去的悲傷與遺憾未必會完全消失，而是我們及後再擴大自己的生活，來讓這悲慟不再那麼猛烈地影響自己；接受是，明白要與對方用另一個方式相處，但不代表從此斷聯，而是對方還是住在自己的心中。

其實套戲的確說了很多很多，下集再續。

 # 那些角色教會我的事
 # 年度電影
 # 生人都要破地獄
 # 係心靈嘅地獄
 # 成世人嘅瓜葛突然要你清算
 # 點會係一時三刻就得
 # 真係要慢慢學習
 # 點樣面對死亡
 # 點解學校無教過情緒科

Lesson 5

又嫌緊自己唔夠好？
不如體諒吓你只係一個人

你喜歡你自己嗎？你其實會唔會每日都怪緊自己有幾唔好？

 # 我做得唔好
 # 我能力唔好
 # 我個人壞咗啊

如果健教（OMG 仲有冇人知咩係健教，社科健個健啊！）必看的教育電視是「細菌大王」，那麼情緒科必看的當然是《玩轉腦朋友》吧？！試問我又怎能夠不寫寫新鮮滾熱辣的《玩轉腦朋友 2》呢？

 # 內含微量劇透
 # 歡迎繼續睇 LOL

一直最欣賞這兩套電影是因為你可以不用腦地把它當成一套娛樂冒險型動畫去看，但同時用心的話你亦可以從中細味很多情緒與心理知識。雖然這一集最重戲分的叫焦慮，但容許我揀選我最想大家留意的訊息去寫。畀三秒你諗諗是什麼⋯⋯

3⋯⋯2⋯⋯1⋯⋯

夠鐘。就係如何面對自己的不足、不好、你的一切陰暗面。

 # 你唔好話你冇
 # 個個都有㗎喎

你會明知不該卻還是羨慕妒忌那些 IG 網紅看似十分燦爛繽紛的生活；

你會有不好的念頭想要傷害你討厭的人；

你會自私、會貪心、會小心眼；

你會想為自己的行為開脫搵藉口；

你會覺得冇其他人般勤力、盡責、漂亮、聰明

 # 我唔好
 # 我唔夠好

本來我們都想把這些片段、這些回憶射到老（腦）遠，看不到就當不存在。但你會知道，這些一個又一個批評自己的信念，終究會出現，而不面對的話，只會如同山洪暴發，一次過在你的心中核爆，並完全地牽引著你的阿愁阿焦阿燥。

擁抱自己的不足與情緒

在平日見的 client 當中，十個 depressed 的人，八個半都有著我不夠好的信念。那條構成對自己睇法的心弦（呢個真係睇咗先知我講咩，真係一條弦嚟㗎，撥落去有聲㗎），是何其牽動著我們的情緒。如同戲入面，正正是成長的過程、是朋友、是理想、是目標更讓我們明白體會自己的不足，但好像在我們的教育中從來沒有教過如何面對自己的不足。

「你努力啲啦」、「你再加油啦」、「你得嘅」……

其實大家又有沒有想過，在這些專注向未來目標進發的說話之前，也許我們都要先擁抱、承認、接受，我呢個「毛聞」真是不好，我是真的有不足。

但冇嘢值得醜
因為你同我哋都一樣
你都只係一個人

人就是會有七情六慾，人就是會失敗，人就是不會在所有的能力範疇上都卓越非凡。

你可以日夜鍛煉去取勝，卻都還是力有不逮；
你可以發現其實你真的不聰明，不適合當律師醫生；
你可以努力減肥，但還是抵受不了一杯 Venchi 香蕉船味的 Gelato 引誘。

但 It's okay。

不等於你唔值得人愛，不等於你整個人就是失敗，不等於你沒有做人的價值。

 # 誰保證熱血可兌換動人結尾
 # 成功太熱血小挫敗沒人說破
 # 誰都可發光只要找對地方

也許又有人會說不批評自己不就是縱容自己嗎？

當然不是。希望這套戲都會讓你知道，擁抱自己的不足並不等於不努力、不嘗試進步。如同擁抱接納我們的情緒一樣，因為接受它們的存在，才能了解認清它們，並為自己作最合適的抉擇。好啦，又打得很長了，如果你看到這裡，就請你記得……

好好擁抱善待自己吧。

 # 那些角色教會我的事
 # 玩轉腦朋友 2
 # 係好睇嘅
 # 仲想唔想睇多啲
 # 留言話我知你想我講套戲嘅咩嘢
 # 點解學校無教過情緒科

Lesson 6

避免 over 焦 就要攻破你的擔心噢

有幾多時候，你的阿焦是來自於對未來的不確定？

 # 答案係百分百
 # 真係百分百感覺
 # 又嚟你唔係唔知咩係百分百感覺啊

上回講到，《玩轉腦朋友 2》的最感動 takeaway，是無論你有什麼特質、有什麼想法、有什麼情緒；正面又好、反面也好，你都值得被愛被接受，因為你都只是一個人。今回言歸正傳，當然要談及今集你們敲碗的主角阿焦吧！消化咗你們海量的問題，容我儘量一個 post 答到多少得多少吧！

 # 阿焦好有用

你睇咗我個 page 同我嘅書幾年的話，你必定知道，阿焦如同其他情緒一樣，都何其的有用，都是我們不能缺乏的部分吧？如果阿愁是關於過去，是關於失去；那阿焦就是關於將來，關於某些不確定性。不要因為套戲好像把它塑造成壞人，就覺得它是壞的。

 # 正所謂情緒沒有好與壞
 # 在乎溝通與關懷

（OKOK，係子女啊嘛，咁情緒都係你嘅囝囡嚟㗎嘛。）

因為有焦慮，所以我們會去迪士尼般做足準備；因為焦慮，我們靜雞雞離開公司避免老細發現自己遲到早退；因為焦慮，我們會搭飛機時看清楚逃生口的位置與扣好安全帶（作為旅遊達人又再次提醒大家要全程扣好安全帶預防不穩定氣流）。所以阿焦其實為我們面對將來的危險時提供防護，大叫 brace brace。

 # 當阿焦太 over
 # over 焦

亦如同其他情緒一樣，當它變得太 over 時，就會帶來不良的影響，所以我們還是需要留意及調節它。那可能你會問，什麼時候才算 over 呢？整體來說，就是當它令你的生活食唔安瞓唔落，影響你嘅運作，甚至如同戲中一樣，誘發了 Panic Attack，那便是 over 焦了。所以你其實比誰都更能了解你自己是不是 over 焦。

 # over 焦人揮手區
 # 呢期興 E 人同 I 人
 # 加埋個焦人

也許在安撫你的焦之前，我們先要了解阿焦所控制的幻想空間，人稱「擔心」。擔心就如同片中一樣，是焦慮所誘發出不同的想法。要安撫你的焦，其中一個著手的地方，就是要攻破這片擔心的空間。

 # 擔心很有用？

研究會說，長期焦慮的人，對擔心好像有些誤解，就是以為擔心很有用，以為專注去想最壞的可能性會幫到自己。吓？不是剛剛才說焦慮是為了作準備嗎？怎麼突然擔心又變成了幫倒忙？因為擔心如同片中的 Riley 一樣，只是構想 loop 在最壞的可能性。但其實真正為我們作預備的是解決問題與作出行動。

有沒有發現擔心很多時候只是齋想不做？

死啦，將來老咗得番自己一個死得啦……
死啦，經濟唔好我實會畀人炒，冇咗份工冇飯開啦……
死啦，我個胃痛實係生 cancer……

 # Loop 係最差
 # 愈 loop 愈差

很多時候是這些擔心 loop 死了，令我們困擾不堪。要知道我們幻想在最差的境地裡，身體其實都會被那份情緒帶動，不難發現平日有些 client 擔擔下就會有 Panic Attack，就會失眠沒胃口沒動力。擔心原來如同嫁個有錢人一樣，只是空想而沒有行動；甚至因為擔心，我們會開始避。避開唔做 body check，因為怕會生 cancer；打機酗酒避開想自己的工作與能力，因為怕被人炒；避免結識任何人，因為擔心別人離開你。

所以，要攻破你的擔心，就是首要明白，擔心其實沒有幫助，只令自己愈來愈負面、愈來愈焦慮。當然你又會說，我知啦，但我還是會擔心噢，那到底行為上點應對呢？有機會就下回分解啦，哈哈。

 # 那些角色教會我的事
 # 玩轉腦朋友 2
 # 焦不保夕
 # 其實好多人都日日擔心
 # 被阿擔呃咗佢好有用
 # 點解學校無教過情緒科

Lesson 7

我唔會好似我父母咁！係你心中嘅金句嗎？

要擺脫父母對自己的不良影響，會否是你想了很多年的目標？

 # 不過今次我想問
 # 唔似父母咁即係要怎麼做

話說終於有時間看完 Netflix 大熱《Adolescence》，如果你不害怕英式敘事（好多對白講好多嘢，絕非荷里活式三分鐘一個 twist 的娛樂滿滿），不妨一看。最令我有感懷的，不是心理學家如何做評估又或是 Incel 男權女權，而是最後一集的父母描寫。

 # 少量劇透
 # 不喜勿看

當身邊的人出事，或是發生了我們不想要的事，我們都有傾向變成九十年代大台劇的警察，第一時間用盞大光燈照住自己，然後審問：「係咪你錯？實係你做錯嘢！」然後為自己翻箱倒籠去找錯處。更何況當錯的事這麼大，而又是你的子女，我們心中的訓導主任都會開始全力開工去找錯處。

在這個找錯處的過程中，主角爸爸說了一句：「我應承過自己，不會用我父母的方式對自己的子女。」但結果怎麼還是不 OK 呢？明明我已經不做我父母做的事，怎麼還是不 work ？是我的問題吧？然後那份自責與無力感攻陷了自己。

 # 你係咪都有咁講過

 # 我細個好似都有咁諗

也許從來都沒有人教我們如何做父母，更可能從沒有人教我們如何做人。很大部分的我們都是從觀察來學習，而我們觀察最多、最感受真切的，當然是我們的父母。但問題是，觀察到別人撞板，知道什麼是沒效、是不對，不代表你知道什麼才是有效啊！你以為拆炸彈不是剪黃色就是剪藍色電線，但偏偏現實不是二元，可能是不用剪電線而最有效是把炸彈掉進海裡。

小時候父母窮沒錢給你學鋼琴，飲恨的你大了盡力讓你的子女學琴；

小時候父母只懂體罰，痛苦的你大了，不對子女有任何的限制；

小時候父母終日吵鬧，不安的你大了，不論丈夫怎樣壞都不離開，要給子女「完整的家」；

小時候父母偏心弟弟，憤慨的你大了，卻被說過分溺愛你的女兒……

 # 教仔好難

 # 生仔要考牌

不用父母的一套，還有千千萬萬套方式，而更重要的是，人生不是只有 ABCD 四個選項的選擇題，而是就著不同情況、所需要的答案都不同的情境題。也許我們需要的，不是不做父母的一套，而是問問自己，這個情況，需要的到底是哪一套？

心理學的好處是，做了很多研究，去告訴我們什麼方式會令人感覺好一點、令心靈健康多一點。所以當你不肯定的時間，還是有很多資訊可以幫你理性一點做決定，而不單單被小時候的感覺纏繞。

 # 知識是個好東西

願你們都有一個平靜的心，去應對小時候所帶來的不快。更重要的，是懂得為自己找回令自己更順遂的一套方式喔。

那些角色教會我的事
有問題可以問問 Poe
佢都畀到好多有知識嘅意見你㗎
又或者睇吓心理
都幫到你唔會淨係用細個嘅嘢去對人對己
加油啊
點解學校無教過情緒科

Lesson 8

你最大的敵人
可能係你內心把聲

你都係唔得㗎啦。你算罷啦。你以為自己係邊個啫？

 # 係咪你內心嘅聲音
 # 到底佢阻咗你幾多次

話說，剛剛看了 Marvel 最新的那套《Thunderbolts*》，驚喜滿滿。不是因為有新的超級英雄，（對上一套 Marvel 真的很爛……）也不是因為 CG 有多磅礴，而是因為極其喜愛其中一種心靈的描寫。在我每天的工作中，這一個部分是多麼的熟悉，是多麼的經常要與它交手，而電影又能十分形象化地呈現了它出來。

 # 開始微量劇透
 # 不喜勿入

就是……那個如同柯南裡的殺人犯般，永遠黑漆漆見不到樣，看似極其強大，不斷把你的自我價值打到最低，永遠是你最大的批評者的那個……

內在批評嘅聲音

就算你的成就有多不凡，就算你能夠一個打十個，撻隻手指就能夠把別人變成灰，（空氣污染指數係咪會好高？）你還是敵不過自己內心的那把聲音。因為他彷彿比你更了解你自己的所有弱點與恐懼；你害怕的東西、你難過羞恥的東西，都好像永遠逃不過他的眼睛，然後他會像西貢海旁那些中老年唱 K 人士，用最大的音量把你不想聽到的東西傳入你的耳中、你的心中。

心靈邪教傳道人

而這把聲音，永遠都是你對自己最核心、最負面信念的支持者。

「點會有人鍾意你？」、「你真係好冇用」、「你最後都係會自己一個」、「冇人會關心你」、「你點努力你都係廢你都係失敗」、「你永遠都比唔上人哋」……

 # 當你日日都聽到
 # 當你照鏡都望到
 # 當你嘗試任何嘢都想到

又怎會不氣餒？又怎會不想放棄然後還是做回不問世事的隱青？

 # 諗深一層
 # 咁熟口面嘅

如同電影中的 Bob 一樣，也許你會發現，當你搜尋你的回憶，這些內在的聲音其實很似曾相識。這些聲音，大多都是一直以來某些經歷，（當然最多係原生家庭啦……你哋一定好熟 right ？）直接或是間接造成。

最差的，當然是直接地被你愛你重視的人正面抽擊，一句「最衰都係你」、「陀衰家」、「生嚿 BBQ pork 好過生你」，是多麼的刻骨銘心；但亦有很多時候那些信念是間接而來的，不論是每次在你表達自己時對你不瞅不睬，是從小根本就不在你的身邊，甚或是只著重你的大哥細佬然後卻對你說自己沒偏心沒重男輕女，都能令你如細菌般自發地滋生對自己的怨念……

 # 邪靈般植根心底

當然，要與你內心的暗黑聲音抗衡，這套電影也會告訴你一點也不容易。你亦會如同我，如同 Bob，如同大家一樣，有很相信那信念很氣餒的時候。但是，電影告訴你的是，只要你願意去看，願意去結識，還是會有告訴你世界不是這樣、你不是這樣的人。縱使對方可能跟你沒有血緣關係，可能不是認識你十年八載，但世上總會有能夠看到你的好、看到你的價值的人。

 # 你睇呢個 page 集結咗好多
 # 話你聽你唔需要出類拔萃
 # 都值得人愛值得人關心的人

我常常跟 client 們說，認識到自己心中的黑衣人之後，就要好好預備，預備他會在自己心靈能量值很低的時候偷襲自己。那該怎麼做呢？就是要在心中建立一群 Avengers。可能是在你能量滿滿的時間為自己錄下一段相信自己體諒自己的聲音，可能是找到肯定自己的人時就用相片用文字記錄低那高光時刻，可能是用一隻 Labubu 或者 Chiikawa 來提示那健康的信念……

 # 各施各法
 # 異曲同工

如同 Sammi 說，人生是一場自己和自己的競技，而能夠與你內心的那個柯南黑衣人對抗，成就一個更愛自己的自己，都是一種人生的意義啊！

 # 那些角色教會我的事
 # 找回你的健康聲音
 # 唔係咩都話自己好
 # 而係體諒自己接受自己
 # 每個人都值得人愛都有價值
 # 點解學校無教過情緒科

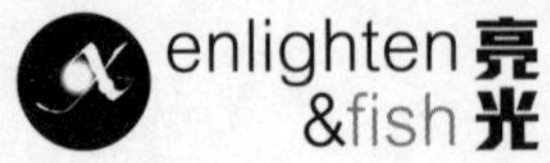

書　　名：點解學校無教過人生意義科
作　　者：崖柏

出 版 社：亮光文化有限公司
Enlighten & Fish Ltd
社　　長：林慶儀
編　　輯：亮光文化編輯部
設　　計：亮光文化設計部
地　　址：新界火炭坳背灣街61-63號
盈力工業中心5樓10室
電　　話：(852) 3621 0077
傳　　真：(852) 3621 0277
電　　郵：info@enlightenfish.com.hk
亮 創 店：www.signer.com.hk
面　　書：www.facebook.com/enlightenfish

2025年7月初版

ISBN　978-988-8884-68-1
定　　價：港幣$138

法律顧問：鄭德燕律師